Karl-Heinz Kaletta · Dorothea L. Schulz
Bromelien

Karl-Heinz Kaletta
Dorothea L. Schulz

Bromelien

Verlag für die Frau
Leipzig

Kaletta, Karl-Heinz:
Bromelien: Pflanzen für d. Heim /
Karl-Heinz Kaletta; Dorothea L. Schulz.
Zeichn. von Traudl Schneehagen. –
1. Aufl. – Leipzig; Verlag für die Frau, 1989. –
128 S.: 32 Ill. (farb.)
ISBN 3-7304-0166-1
NE: Schulz, Dorothea L.:

Zeichnungen: Traudl Schneehagen
Einband: Günter Jacobi

ISBN 3-7304-0166-1

1. Auflage
Alle Rechte vorbehalten
© Verlag für die Frau · Leipzig 1989
Lizenznummer: 126/405
Lichtsatz und Reproduktion: Ostsee-Druck Rostock
Printed in the German Democratic Republic
LSV 1356 · Best.-Nr. 6725357

Inhalt

Vorwort 7
1. Die Entwicklung der Bromelienkulturen in Europa 9
2. Heimat und Lebensweise 11
3. Zur Morphologie der Ananasgewächse 13
4. Voraussetzungen für die Bromelienkultur 24
   Wasser 24
   Licht 24
   Temperatur 29
   Pflanzsubstrate 31
   Nährstoffversorgung 32
   Pflanzgefäße 35
5. Kulturmethoden 37
   Anzucht und Pflege 37
   Steuerung der Blütezeit 49
   Saatgutgewinnung 50
   Schädlingsbekämpfung 51
6. Verwendungsmöglichkeiten 53
7. Erdeloser Pflanzenbau 65
8. Zur Abgrenzung und Benennung der Ananasgewächse 69
   Unterfamilie Pitcairnioideae 69
   Unterfamilie Tillandsioideae 69
   Unterfamilie Bromelioideae 70
9. Bromelien im Porträt 74
10. Wichtige Fachbegriffe von A bis Z 103
11. Tabellen 110
    Tabelle 1: Einteilung der Bromelien nach Licht- und Temperaturansprüchen 110
    Tabelle 2: Geschlechtliche Fortpflanzung einiger Bromelien 110
    Tabelle 3: Nährlösungskonzentrationen im erdelosen Pflanzenbau 112
    Tabelle 4: Erkennen von Krankheitssymptomen 112
    Tabelle 5: Erkennen von pilzlichen und tierischen Schaderregern 114
    Tabelle 6: Empfehlenswerte Bromelien für Anfänger 117
    Tabelle 7: Bromelien für das offene Blumenfenster 119
    Tabelle 8: Bromelien für Pflanzenvitrinen oder geschlossene Blumenfenster 121
12. Pflanzenverzeichnis 123
13. Literaturverzeichnis 124
14. Erläuterungen zum Tafelteil 125

Vorwort

Das Sortiment tropischer Gewächse in den Blumengeschäften enthält in den meisten Fällen nur wenige Bromelienarten, und die angebotenen Bromelien sind außerdem häufig voll erblühte Pflanzen, die dem Pflanzenliebhaber nicht die gleiche Freude bereiten, wie er sie erleben könnte, wenn sich der Blütenstand gerade erst entfaltete. Oft wird eine prächtige Pflanze gekauft in der Hoffnung auf eine lange Blütezeit und eine gute Weiterentwicklung, aber zumeist werden nicht die Ratschläge vermittelt, die eine erfolgreiche Pflege gerade dieser einen besonderen Bromelie ermöglichen würden. Der Name der Pflanze allein hilft dem Käufer nur wenig, weil ihm kaum Literatur als Informationshilfe zur Verfügung steht. Hierin ist sicher eine der Ursachen dafür zu suchen, daß sich die Bromelien nur langsam als Zimmerpflanzen durchsetzen, obwohl es unter ihnen viele Arten gibt, die sich auch gut in zentralbeheizten Wohnungen halten. Dieses Buch will bei der Pflege der aus dem tropischen Amerika stammenden Bromelien helfen und dazu beitragen, daß diese interessante Pflanzenfamilie neue Freunde findet. Dabei wird vor allem an den Pflanzenfreund gedacht, der erst wenige Kulturerfahrungen sammeln konnte und nun Wege sucht, um sich mit dieser artenreichen Familie näher zu befassen. Er erhält einen Überblick über die für das Wachstum wichtigen Faktoren unter den in Wohnräumen herrschenden, durch technische Hilfsmittel wie Blumenfenster und Pflanzenvitrinen beeinflußbaren Standortbedingungen und spezielle Hinweise für die Auswahl der für die Wohnungen in Frage kommenden Bromelienarten.

Wegen der Bedeutung des Habitus dieser Pflanzen für Rückschlüsse auf die natürlichen Standortbedingungen in den Heimatländern und dadurch bedingt auf die unterschiedlichen Kulturansprüche werden die wichtigsten morphologischen Merkmale dargestellt. Ihre Kenntnis ist eine Voraussetzung für das Studium der über den für dieses Buch abgesteckten Rahmen hinausgehenden Spezialliteratur; diese wird zum Teil im Literaturverzeichnis angeführt und erschließt die Möglichkeit, sich näher mit den eigenen Pflanzen zu befassen. Es lohnt sich durchaus, auch einmal eine der kleinen Bromelienblüten auseinanderzunehmen und mit Hilfe einer Lupe ihre Teile zu betrachten oder den Aufbau eines Blütenstandes zu untersuchen.

Die wichtigsten für die Zimmerkultur geeigneten Gattungen wurden zusammengestellt und die für ihre erfolgreiche Kultur grundlegenden Bedingungen dargelegt; einige für den Anfänger besonders geeignete Arten wurden gekennzeichnet. Die im 3. Kapitel zusammengestellten Merkmale sollen zum sicheren Erkennen der behandelten Gattungen und Arten beitragen.

Nur 30 Beispiele können hier eingehend beschrieben werden von einer Pflanzenfamilie, die heute etwa 2000 Arten, davon etwa 500 kulturwürdige, umfaßt. In den Gartenbaubetrieben werden allerdings im Höchstfall 40 bis 50 Arten und Sorten herangezogen. Dem angehenden Bromelienliebhaber werden sich aber gewiß Möglichkeiten erschließen, mit gleichgesinnten Pflanzenfreunden nicht nur Erfahrungen, sondern auch Pflanzen auszutauschen. Vielleicht könnte eine verstärkte Nachfrage auch die Gartenbaubetriebe und die Bromelienspezialisten, die bereits über eine umfangreiche Sammlung verfügen, dazu anregen, ein größeres Spektrum dieser schönen und interessanten Pflanzen bereitzustellen.

Dieses Buch wurde vom Verlag für die Frau geplant, um allen, die sich für diese aus den Tropen Amerikas stammenden Pflanzen interessieren, eine erste Hilfe für Pflege und Kombinationsmöglichkeiten zu geben. Wir hoffen, daß es darüber hinaus zum Sammeln von Bromelien anregt.

Unser Dank gilt allen, die uns bei unserer Arbeit durch Farbbilder, Zeichnungen und Gestaltungshinweise unterstützten, besonders aber Herrn Gartenoberinspektor Jürgen Röth, Halle, für die kritische Überprüfung des Bildmaterials.

Karl-Heinz Kaletta
Dorothea L. Schulz

1. Die Entwicklung der Bromelienkulturen in Europa

Die Ananasgewächse (BROMELIÁCEAE) gehören zu den Pflanzen, die aus den Tropen und Subtropen Amerikas nach Europa eingeführt wurden. Es wird berichtet, daß Kolumbus 1493 bei seiner zweiten Reise nach Westindien die Ananas kennenlernte, und schon um 1500 konnte der spanische König Ferdinand eine Ananas essen, die als einzige unter mehreren verfaulten Früchten die lange Seereise überstanden hatte. 1535 beschrieb der erste Geschichtsschreiber der Neuen Welt, Gonzalo Fernandez Oviedo, der als Gouverneur von San Domingo große Teile des amerikanischen Festlandes bereist hatte, in seiner »Historia general y natural de las Indias« diese Pflanze und bildete sie ab. An seine Darstellung lehnten sich die Angaben in den frühen Kräuterbüchern an.

Für die Einführung in die europäische Gartenkultur wird das Jahr 1690 angegeben. Ihrer begehrten Früchte wegen wurde die Ananas zu einer wertvollen Pflanze. Kostspielige Kulturverfahren mit hohem Heizungs- und Arbeitsaufwand – die sogenannte Ananastreiberei – wurden entwickelt und erbrachten nach ein bis zwei Jahren Früchte von 0,5 bis 2 kg Gewicht. Gegen Ende des 18. Jahrhunderts gelangten die ersten Ananasgewächse, die durch schöne Blütenstände auffielen, nach England und wurden zunächst in den berühmten Königlichen Gärten von Kew in der Nähe von London herangezogen. In den Pflanzenverzeichnissen dieses Gartens werden 1789 sechs Arten angeführt; 1811 waren es bereits elf Arten, darunter eine als TILLÁNDSIA LINGULÁTA bezeichnete Pflanze, die heute GUZMÁNIA LINGULÁTA heißt und seit dieser Zeit kultiviert wird. Für sie wird als Einführungsjahr 1776 angegeben. Beschrieben wurde sie allerdings bereits 1753 von dem schwedischen Botaniker Carl von Linné.

Neben die botanischen Gärten und die Herrschaftsgärten, in denen die Entwicklung der Zierpflanzenkulturen begann, traten die großen Handelsgärtnereien in England, Frankreich und Belgien. Diese sandten Pflanzensammler in interessante Vegetationsgebiete der Erde. Um 1850 wurden viele Tropenpflanzen nach Europa eingeführt, und die meisten Sendungen aus Amerika enthielten auch einige Ananasgewächse, für die sich allmählich, von dem botanischen Namen der Familie abgeleitet, die Bezeichnung Bromelien einbürgerte.

Darunter waren viele Arten, die seit dieser Zeit kultiviert werden, wie AECHMÉA FASCIÁTA, GUZMÁNIA MUSÁICA, VRIĒSEA HIEROGLÝPHICA und VRIĒSEA SPLÉNDENS.

Umfangreiche und wertvolle Sammlungen entstanden vor allem in Belgien, wo auch mit der Auslese und Züchtung von neuen Sorten begonnen wurde, die das Angebot der Gärtnereien bereicherten. Hier erarbeitete der Direktor des Botanischen Gartens Lüttich, Eduard Morren, die Grundlagen für eine umfassende Beschreibung der Ananasgewächse. Seine Aufzeichnungen kamen nach seinem Tode 1886 in den Besitz der Kew Gardens und wurden von dem englischen Botaniker John Gilbert Baker für das 1889 erschienene »Handbook of Bromeliaceae« verwendet.

Um die Jahrhundertwende gingen die Importe von Tropenpflanzen zurück, und im Ersten Weltkrieg wurden wertvolle Pflanzenbestände vernichtet. Trotz Kriegsschäden lag noch immer der Schwerpunkt der Bromelienkultur in Belgien. In Deutschland entstanden erst um 1930 größere Pflanzenbestände. Hier hatte sich der Botaniker Carl Mez seit 1894 mit dieser Pflanzenfamilie beschäftigt. 1935 erschien seine Monographie der Familie mit dem Titel:»Bromeliaceae«, die auch heute noch grundlegende Kenntnisse vermittelt und zu den Standardwerken der Bromelienliteratur gehört.

Der Wiederaufbau der Bromelienkulturen nach dem Zweiten Weltkrieg war schwierig. Große Sammlungen waren zerstört. In unserem Lande ist die Bromelienkultur nicht denkbar ohne die unermüdliche Arbeit von Walter Richter aus Crimmitschau. Er hat durch seine Kulturerfolge, seine Züchtungsarbeit und nicht zuletzt durch seine Bücher aufmerksam gemacht auf die vielfältigen Schönheiten dieser interessanten Pflanzenfamilie.

2. Heimat und Lebensweise

Das Vorkommen der Ananasgewächse ist auf Amerika konzentriert. Lediglich eine Art, PITCAIRNIA FELICIÁNA, ist im tropischen Westafrika beheimatet. Sie wurde 1932 in Guinea entdeckt, wo sie auf felsigem Untergrund wächst. Wie diese Bromelienart nach Afrika gelangt ist, konnte noch nicht geklärt werden.

Die Ananasgewächse sind im wesentlichen auf die Tropen beschränkt, dringen aber auch in die angrenzenden Klimagebiete vor. Ihre nördlichsten natürlichen Vorkommen befinden sich im Süden der Vereinigten Staaten, in Florida, Virginia und Texas. Einige TILLÁNDSIA-Arten wachsen noch am 38. Grad nördlicher Breite. Auf der Südhalbkugel erreichen einige harte, langsamwachsende Arten der Gattungen FASCICULÁRIA und GREIGIA in Südchile den 44. Breitengrad. Ihre Verbreitungsschwerpunkte liegen aber in Kostarika, Venezuela, Kolumbien und Brasilien. Viele Arten stammen von unterschiedlichen Standorten auf den Karibischen Inseln.

Die Bromelien kommen nicht nur in den durch hohe, gleichmäßige Luftfeuchtigkeit gekennzeichneten tropischen Regenwäldern vor. Sie wachsen auch in wechselfeuchten Savannen mit ausgeprägten Regen- und Trockenzeiten, in den immergrünen Eichen- und Kiefernwäldern der Kordilleren und in den weiten, von Sträuchern durchsetzten Grasflächen der Campos und niederschlagsarmen Catingas Brasiliens. Wir finden sie in den Nebelwüsten an der peruanischen Küste und in den Andenhochländern mit ihren starken täglichen Temperaturschwankungen. Dabei sind sie nicht nur verschiedenen Temperaturen und einer unterschiedlichen Wasserversorgung ausgesetzt, sondern auch variierenden Lichtverhältnissen. In den immerfeuchten Regenwäldern erhalten vor allem die Bodenpflanzen und die Epiphyten der unteren Kronenschicht wenig Licht. In den Trockengebieten wachsen dagegen nur wenige Bäume und Sträucher. Die Bodenpflanzen und die hier auch auf Kakteen und an Felsen vorkommenden Epiphyten finden nur selten schattigere Standorte vor. Sie sind ständig der vollen Sonne ausgesetzt und ihre Lichtansprüche entsprechend hoch.

Viele Gattungen sind an bestimmte Verbreitungsgebiete gebunden. So kommen HÉCHTIA-Arten vorwiegend in Mittelamerika vor, und die PÚYA-

Arten sind nur aus Südamerika bekannt. Diese beiden Gattungen gehören zu den im Erdboden wurzelnden Ananasgewächsen. Darum bezeichnet man diese Pflanzen als bodenbewohnend (terrestrisch). Zu dieser Gruppe gehören nur wenige Gattungen. Wesentlich artenreicher ist die Gruppe der baumbewohnenden (epiphytischen) Bromelien, die wegen ihrer Anpassungen an diese Lebensweise viele Pflanzenliebhaber interessieren. Durch die Umgestaltung des Vegetationskörpers entstanden Speichermöglichkeiten für Wasser und Nährstoffe. Die Haare auf den Blättern entwickelten sich zu Schuppenhaaren, die Wasser ansaugen können.

Am vollkommensten an diese Lebensbedingungen angepaßt sind die Bromelienarten, die nicht mehr auf äußere Wasserspeicher angewiesen sind und das benötigte Wasser als Tau oder Regen an der Blattoberfläche aus der Luft aufnehmen können. Sie wachsen zumeist in dichten Rasen. Ihre das gesamte Blatt bedeckenden Schuppenhaare sind die am höchsten entwickelten.

Zu diesen rasenbildenden Bromelien gehört das von Florida bis nach Chile und Argentinien verbreitete »Spanische Moos«, das wegen seiner Ähnlichkeit mit der Bartflechtengattung ÚSNEA den Namen TILLÁNDSIA USNEOÍDES erhielt. An seinen langgestreckten Sproßachsen sind die schmalen, langen Blätter wechselseitig angeordnet. Sie hängen in dichten Strängen von den Bäumen herab und können sogar Telegrafendrähte besiedeln. In den botanischen Gärten gehören sie zu den eindrucksvollsten Beispielen für Anpassungen an extreme Standorte. Eine Wurzel ist nur noch an der Keimpflanze zu finden. Sie stirbt bald ab. Ältere Pflanzen sind völlig wurzellos. Die Vermehrung durch Samen ist für die Ausbreitung der Pflanze nicht so wichtig wie das Abreißen einzelner Sproßstücke, die vom Wind verweht werden.

Wurzellos sind auch andere Tillandsien, die wie TILLÁNDSIA PALEÁCEA locker auf dem Wüstensand an der Pazifikküste Perus liegen und dort große Bestände bilden. Sie entnehmen ihren gesamten Wasserbedarf den darüberstreichenden Küstennebeln. Für ihre Ernährung sorgt der vom Wind mitgebrachte Staub, der sich auf den Blättern und in den Polstern absetzt. Kultiviert werden diese Wüstentillandsien, mit Steinen beschwert, auf mit Sand oder Splitt gefüllten Töpfen, ohne sie zu gießen.

Zu diesen Anpassungen führte ein langer, von den bodenbewohnenden Bromelien ausgehender Entwicklungsweg, den wir erkennen können, wenn wir uns mit dem Bau der Bromelien – mit ihrer Morphologie – befassen.

3. Zur Morphologie der Ananasgewächse

Die Ananasgewächse sind einkeimblättrige Pflanzen (LILÍATAE). Diese Klasse der bedecktsamigen Pflanzen, bei denen die Samen von einem Fruchtknoten eingeschlossen werden, zeichnet sich durch eine Reihe von gemeinsamen Merkmalen aus: Die Pflanzen besitzen in der Regel nur ein Keimblatt. Ihre Hauptwurzel stirbt frühzeitig ab und wird durch sproßbürtige Wurzeln ersetzt. Ihnen fehlt ein normales sekundäres Dickenwachstum bei Wurzeln und Sproß, wie wir es von unseren zu den zweikeimblättrigen Pflanzen gehörenden Bäumen kennen.

Die oberirdischen Pflanzenteile sind mit Ausnahme des Blütenstandes im allgemeinen nur wenig verzweigt. Die Blätter sind an der Sproßachse zumeist wechselständig angeordnet, können aber vor allem durch eine Stauchung dieser Achse auch in einer Spirale stehen. Sie sitzen ihr mit einem breiten Blattgrund auf, der als Scheide bezeichnet wird, und sind oft nicht gestielt. Ihre Blattspreiten sind überwiegend einfach gestaltet und streifenaderig (mit parallel verlaufenden Blattadern). Es dominieren lineale oder elliptische Formen. Eine Ausnahme stellen hier die Aronstabgewächse (ARÁCEAE) mit netzaderigen, vielgestaltigen Blättern dar.

Die Blütenteile sind in Kreisen angeordnet, die als Wirtel bezeichnet werden. Alle Blütenwirtel sind bei den einkeimblättrigen Pflanzen dreizählig. Die Blütenhülle (Perianth) wird aus sechs in zwei Wirteln stehenden Blütenhüllblättern gebildet, die gleichgestaltet (Perigon) oder in je drei Kelchblätter (Sepalen) und Blütenblätter (Petalen) gegliedert sein können. Die Bestandteile der Blütenhülle können frei stehen oder miteinander verwachsen sein. Die Blütenhülle schützt die für die Fortpflanzung der Pflanzen wesentlichen Staubblätter und Fruchtblätter. In der Regel folgen auf diese Blütenhülle sechs Staubblätter, die in zwei Wirteln angeordnet sind. Die im Zentrum der Blüte stehenden drei Fruchtblätter sind miteinander zu einem Fruchtknoten verwachsen.

Wichtig für die Abgrenzung von Pflanzensippen ist die Stellung des Fruchtknotens. Wenn er auf Blütenhüllblätter und Staubgefäße folgt, also oberhalb aller anderen Bestandteile der Blüte steht, wird er als oberständig bezeichnet. Wenn er dagegen unterhalb der Blütenhüllblätter und Staubgefäße steht, so ist er unterständig.

In Anpassung an unterschiedliche Bestäubungsmöglichkeiten hat sich der regelmäßige Blütenaufbau mehrfach verändert. Aus den gleichmäßig aufgebauten radiären Blüten, die dem angeführten Schema folgen, entstanden in einigen Pflanzenfamilien zygomorphe Blüten, die den Bestäubern bessere Anflugmöglichkeiten bieten. Außerdem können in den Blütenwirteln einzelne Glieder reduziert werden, ja sogar einzelne Wirtel ausfallen. Diese Unterschiede sind ausschlaggebend für die Abgrenzung der Pflanzenfamilien und Gattungen.

Die Wuchsformen der einkeimblättrigen Pflanzen sind dagegen nicht so vielgestaltig. Es dominieren Stauden und krautige Pflanzen, die ungünstige Jahreszeiten im Erdboden als Zwiebeln, Knollen oder Rhizome überdauern.

Die Ananasgewächse zeichnen sich durch Merkmale aus, in denen sie sich von den anderen, zumeist aus mehreren Pflanzenfamilien bestehenden, als Ordnungen bezeichneten Sippengruppen so stark unterscheiden, daß sie in eine eigene Ordnung der Ananasgewächse im weiteren Sinne (BROMELIÁLES) gestellt werden. Eine Ordnung mit nur einer Familie wird ebenso wie eine Familie mit nur einer Gattung als monotypisch bezeichnet. Zu den einkeimblättrigen Pflanzen gehören z. B. so umfangreiche Ordnungen wie die Liliengewächse im weiteren Sinne (LILIÁLES) mit vielen Familien wie den Liliengewächsen im engeren Sinne (LILIÁCEAE), den Amaryllisgewächsen (AMARYLLIDÁCEAE) und den Schwertliliengewächsen (IRIDÁCEAE), aber auch viele monotypische Ordnungen wie die Orchideen (ORCHIDÁLES) oder die Ingwergewächse (ZINGIBERÁLES).

Die Ananasgewächse sind mehrjährige bis ausdauernde Stauden. Zu den Arten, die nur einmal blühen und fruchten, gehört die größte uns bekannte Bromelie PÚYA RAIMÓNDII aus Peru. Sie kommt in den Hochanden noch in 4000 m Höhe vor und benötigt viele Jahre, um ihre großen Blattrosetten anzulegen. Wenn sie die Blühreife erreicht, schließt sie ihr Wachstum ab und bildet einen großen endständigen Blütenstand. Sie ist dann oft 10 bis 15 m hoch. Nach dem Ausfallen der Samen geht sie zugrunde.

Die Bromelien, die wir in unseren Wohnungen halten, gehören dagegen zu den ausdauernden Gewächsen. Die Pflanze, die aus dem Samen heranwächst, bezeichnen wir als Primärsproß. Dieser Primärsproß beendet das Wachstum ebenfalls, wenn er den Blütenstand anlegt. Er stirbt dann allmählich ab. Im Gegensatz zu den nur einmal blühenden und fruchtenden Ananasgewächsen entstehen aber in den Blattachseln Erneuerungssprosse, die ein Sproßsystem einleiten, das sich in dem Entwicklungsrhythmus: Blühreife, Abschluß des vegetativen Wachstums, Blüte, Samenreife und allmähliches Absterben der alten Pflanze bei gleichzeitiger Bildung neuer Sprosse herausbildet. Dabei wandern die in den Blättern der alten Pflanze nach Blüte und Samenbildung noch vorhandenen Nährstoffe jeweils in die Erneuerungssprosse ab und fördern deren Wachstum. Die Erneuerungssprosse werden von den Gärtnern als Kindel bezeichnet und für die Vermehrung nach erfolgter Bewurzelung abgetrennt. Die Anzucht aus Pflanzenteilen, die vegetative Vermehrung, führt wesentlich schneller zu blühfähigen Pflanzen als die Anzucht aus Samen, die generative Vermehrung.

Die Anordnung der Blätter an der Sproßachse bestimmt das Aussehen der Bromelien. Häufig ist die Sproßachse gestaucht, und die in einer Spirale stehenden Blätter bilden eine Rosette. Ist die Sproßachse dagegen verlängert, so sind die Blätter mehr oder weniger weit voneinander entfernt. Bei einigen Tillandsien sind sie zweizeilig angeordnet.

Die Blätter können fadenförmig sein und grasähnlich aussehen. Bei den meisten Arten sind sie aber breit bandförmig. Die Blattränder können mit steifen, harten, oft auch gebogenen Stacheln besetzt sein. Solche bewehrten Blätter finden wir bei vielen erdbewohnenden Ananasgewächsen, während die in den Baumkronen lebenden Arten (Epiphyten) meist glatte Blattränder besitzen oder nur wenig bestachelt sind. Die Blätter können auffallend gefärbt, gestreift oder gebändert sein, so z. B. bei GUZMÁNIA MUSAÍCA, VRIÉSEA HIEROGLÝPHICA und V. SPLÉNDENS. Die Rotfärbungen entstehen durch Anthocyane, bei Braunfärbungen wird grünes Chlorophyll von rotem Anthocyan überlagert. Variegata-Formen und grünweiße Längsstreifen beruhen auf dem Wechsel von Streifen mit und ohne Chloroplasten. Die Ausfärbung der Blätter hängt wesentlich von der Intensität der Sonneneinstrahlung ab. Viele Bromelien vergrünen während der lichtarmen Wintermonate ohne Zusatzlicht. Bei zu starker Sonneneinstrahlung können dagegen die Blätter der schattenliebenden Bromelien vergilben, sogar absterben, wie Beobachtungen an VRIÉSEA SPLÉNDENS zeigen.

Die Epiphyten zeichnen sich durch besondere Anpassungen aus, die die Wasser- und Nährstoffversorgung an diesem extremen Standort sichern. Bei den Trichterbromelien ist der Blattgrund meist verbreitert und mehr oder weniger deutlich von der eigentlichen Blattspreite abgesetzt. Die Blattscheiden überdecken sich und liegen so dicht übereinander, daß sie eine abflußlose Zisterne bilden, in der das Niederschlagswasser gesammelt wird. Die Zisterne wird durch besondere Verstärkungen des Blattrandes versteift und kann bei Bromelienarten mit sehr großen Blattrosetten mehrere Liter Wasser enthalten.

Das Regenwasser tropft meist von den Baumkronen herab. Dadurch bringt es viele organische Stoffe – Blüten, Blätter, Exkremente, kleine Tierleichen – mit, die sich allmählich zersetzen. In den Zisternen der Ananasgewächse leben außerdem oft Tiere oder Wasserpflanzen. Neben Insektenlarven, Ameisen, Laubfröschen und Salamandern wurden sogar Baumschlangen beobachtet. Viele Tier- und Pflanzenarten haben sich auf bestimmte Bromelien spezialisiert. So lebt in den Zisternen der brasilianischen VRĪESEA REGÍNA ein kleiner Wasserschlauch UTRICULÁRIA NELUMBIFÓLIA, der zu den fleischfressenden Pflanzen gehört.

Die Zisternenöffnung kann so stark verengt sein, daß ein fast geschlossener urnenförmiger Behälter entsteht. Dadurch wird das Speichervermögen gegenüber der offenen Zisterne noch erhöht. Das gespeicherte Wasser mit den darin gelösten Nährstoffen wird kontinuierlich verbraucht und steht der Pflanze über einen längeren Zeitraum zur Verfügung, so daß ungünstige Jahreszeiten überbrückt werden können. Wasser und Nährstoffe werden aus diesem Reservebehälter mit Hilfe besonderer Schuppenhaare, die wir auch als Saugschuppen bezeichnen, über das Blatt aufgenommen.

Die Saugschuppe setzt sich aus einem Schuppenschild und einer sich nach unten anschließenden Gruppe von Aufnahmezellen zusammen. Alle Zellen der Schuppenschilde sind tot, die Zellwände zum Teil sehr stark verdickt. Wenn diese Zellen ausgetrocknet sind, schrumpfen die Zellwände und sind ziehharmonikaartig gefaltet.

Saugschuppe in Aufsicht, Längsschnitt in gequollenem und entquollenem Zustand (von oben nach unten)

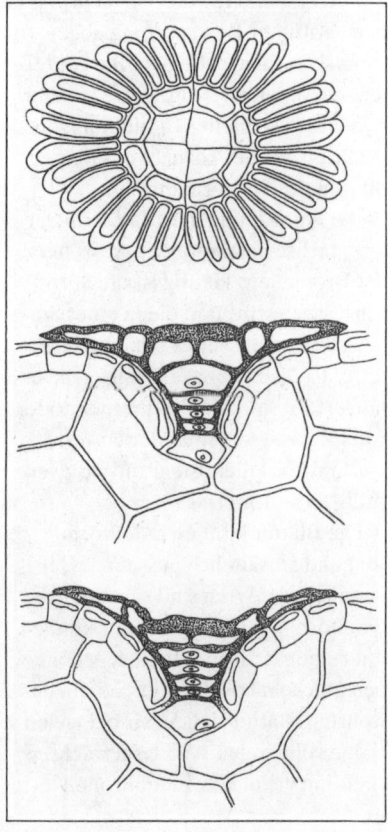

Die Aufnahmezellen leben. Sie bilden einen drei- bis vierzelligen Stiel, der in die Oberhaut des Blattes (Epidermis) eingesenkt ist, und grenzen an zwei oder vier Fußzellen, die die Saugschuppen mit dem Blattgewebe verbinden.

Wasser und Nährstoffe können nur durch die Saugschuppen aufgenommen werden, denn die gesamte übrige Blattoberfläche mit einer wasserundurchlässigen Außenhaut (Cuticula) bedeckt. Sie dringen zunächst nur in die toten Schildzellen ein. Die geschrumpften Zellwände dehnen sich aus, und die Zellen füllen sich mit Wasser. Die angrenzenden Aufnahmezellen können ihren Innendruck wiederherstellen und auf osmotischem Wege Wasser an das Blattgewebe abgeben. Ihre Wirkungsweise wird häufig mit einer Saugpumpe verglichen. Die wassergefüllten Schildzellen saugen mit ihrem beträchtlich vergrößerten Innenraum verstärkt Wasser an und vergrößern so den Wassernachstrom in die Aufnahmezellen.

Die Saugschuppen können nicht nur das in den Zisternen gespeicherte Wasser aufnehmen, sondern auch atmosphärisches Wasser kapillar ansaugen. Das ist vor allem für die Bromelien wichtig, die in niederschlagsarmen Gebieten vorkommen. Bei diesen Arten sind die Blätter meist dicht mit Saugschuppen bedeckt. Sie schließen Luft zwischen sich ein und reflektieren das Licht fast völlig. Je weißer die Blätter aussehen, desto dichter stehen die Schuppenhaare. Wenn Wasser in diese Saugschuppen eindringt, sehen die Blätter grün aus, weil das in den tieferen Schichten des Blattgewebes vorhandene Blattgrün (Chlorophyll) hindurchschimmert. Der trockene Schuppenschild ist mit seinen luftgefüllten Zellen gleichzeitig ein Verdunstungsschutz. Weißliche Bänderungen und Querstreifen entstehen auf den Blättern, wenn wie bei AECHMÉA FASCIÁTA Streifen dichter Beschuppung mit locker angeordneten Schuppenhaaren wechseln. Die Blattspreiten grünblättriger Bromelien sind fast schuppenlos, die Saugschuppen auf die Blattscheiden im Zisternenbereich beschränkt.

Wasser kann nicht nur in Zisternen, sondern auch in zwiebelartigen Blattanordnungen gespeichert werden. Bei einigen Tillandsien sind die Blätter unten löffelartig verbreitert. Sie sind zwiebelähnlich angeordnet und speichern Wasser in großen Hohlräumen, in denen oft Ameisen leben. Man bezeichnet diese Speicherorgane als Scheinzwiebeln. Einige Ananasgewächse besitzen echte Zwiebeln, bei denen die Verdickung aus dicht übereinanderliegenden Blättern mit einem Wassergewebe von oft beträchtlicher Stärke besteht.

Bei den ephiphytischen Bromelien entwickelten sich die Wurzeln zu Haftorganen. Wie bei den meisten an-

3. Zur Morphologie der Ananasgewächse

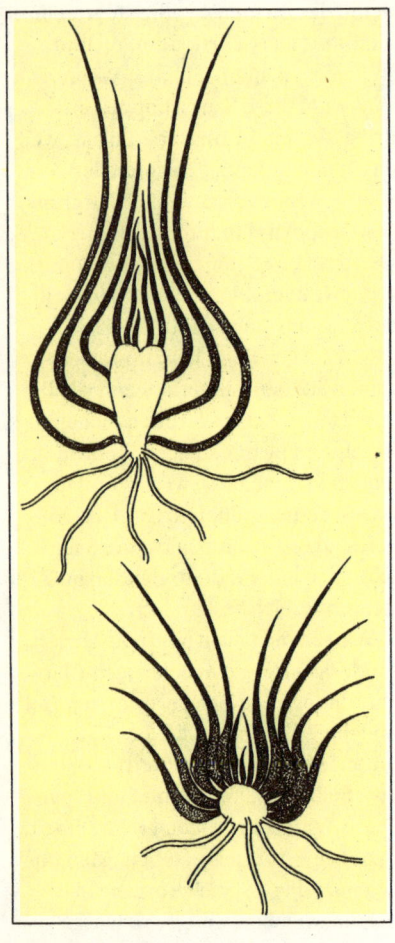

Zwiebelbildung bei Tillandsien: Scheinzwiebel (oben), echte Zwiebel (unten), das Blattgewebe ist punktiert.

(TILLÁNDSIA USNEOÍDES). Es werden neben der abgestorbenen Hauptwurzel sproßbürtige Wurzeln gebildet, die den Sproß unten kronenähnlich umgeben. Bei den Erdbromelien hingegen entsteht ein kräftiges Wurzelsystem, das die Pflanzen im Boden verankert und gleichzeitig der Wasser- und Nährstoffaufnahme dient.

Die Luftwurzeln der Epiphyten sind zunächst ebenfalls zart und biegsam, verholzen aber bald. In ihrer Rindenschicht sind besonders viele Festigungszellen ausgebildet, und an der abgeplatteten Unterseite werden gummiartige Substanzen abgesondert. Dadurch haften die im Alter drahtähnlichen Wurzeln so fest an der Unterlage, daß an Epiphytenstämmen meist etwas Holz mit abgetrennt werden muß, wenn die Pflanze umgesetzt werden soll. Die Annahme, daß es sich bei diesen Wurzeln lediglich um Haftorgane handelt, die für die Wasser- und Nährstoffaufnahme keine wesentliche Rolle spielen, konnte durch neuere Untersuchungen widerlegt werden. Es bestehen allerdings hinsichtlich des Aufnahmevermögens artspezifische Unterschiede. Diese Beobachtungen führten zu bedeutsamen Erkenntnissen für die Düngung der epiphytisch lebenden Bromelien.

Bei den wurzellosen Bromelien wie TILLÁNDSIA USNEOÍDES, TILLÁNDSIA ARAÚJEI und T. LATIFÓLIA werden nach dem frühzeitigen Absterben der zarten Hauptwurzel keine sproßbürtigen

deren einkeimblättrigen Pflanzen stirbt die Hauptwurzel bald ab, manchmal sogar schon an der Keimpflanze, wie beim Spanischen Moos

Wurzeln angelegt. Diese Pflanzen werden also ausschließlich über die Schuppenhaare ernährt.

Die Blüten der Ananasgewächse sind oft klein und unscheinbar. Alle Blütenwirtel: Kelchblätter, Blütenblätter, in zwei Wirteln angeordnete Staubblätter und Fruchtblätter sind dreigliedrig, die Blüten selbst meist radiär. Nur bei einigen Arten, so z. B. bei einigen Billbergien, sind die Kronröhren gekrümmt und die Blüten dadurch leicht zygomorph (d. h., sie besitzen nur eine Symmetrieachse).

Die oft derben, grüngefärbten Kelchblätter sind meist kürzer als die Blütenblätter. Sie können aber auch lebhaft gefärbt sein, wie viele VRÍESEA-, BILLBÉRGIA- und AECHMÉA-Arten zeigen. Bei GUZMÁNIA MUSÁICA überragen die leuchtend roten Kelchblätter die kurzen Blütenblätter. Die Kelchblätter stehen entweder frei in ihrem Wirtel oder sind miteinander verwachsen, symmetrisch oder asymmetrisch angeordnet, gekielt oder nicht gekielt. Diese Merkmalsunterschiede sind wie alle anderen Blütenmerkmale wichtig für die Bestimmung der Bromelienarten.

Die meist etwas längeren Blütenblätter können länglich-lanzettlich, linealisch oder eiförmig, ganzrandig oder am Rand feingezähnelt sein. Sie sind häufig genagelt, d. h. zur Ansatzstelle hin verschmälert, und stehen in der Regel frei, sind aber auch bei einigen CRYPTÁNTHUS-, GUZMÁNIA-, NEOREGÉLIA- und NIDULÁRIUM-Arten verwachsen. Die oft lebhaft gefärbten Blütenblätter – wir finden blaue, rote, violette, weiße und gelbe, seltener braune und grüne Farbtöne – verfärben sich meist nach der Blütezeit. Die Blüten selbst halten sich nur kurze Zeit. Oft welken sie schon nach wenigen Stunden. Einige Bromeliengattungen besitzen am Grund der Blütenblätter kleine Schüppchen (Ligulae), die für Gattungsabgrenzungen wichtig sind. So ist die Gattung VRÍESEA durch diese Schüppchen gekennzeichnet, während sie der Gattung TILLÁNDSIA fehlen.

Die Länge der aus Staubfäden (Filament) und zwei sich nach innen öffnenden Staubbeuteln (Antheren) bestehenden Staubgefäße kann bei der Untergliederung einzelner Gattungen eine Rolle spielen. Sie können aus der Blüte herausragen, aber auch deutlich kürzer sein und sind oft den Blütenblättern angeheftet.

Der dreifächerige Fruchtknoten sondert bei mehreren Gattungen aus Septaldrüsen eine klebrige, honigartige Flüssigkeit ab, die sich durch besondere Öffnungen in den Raum zwischen Blütenhülle und Fruchtknoten ergießt.

Diese Blüten würden einzeln stehend kaum auffallen, zumal sie nur selten duften. Lediglich den an die Bestäubung durch Nachtschmetterlinge und Fledermäuse angepaßten Nachtblühern wie VRÍESEA FENESTRÁLIS entströmt eigenartiger Duft. Die Blüten haben sich aber am nächsten Morgen bereits wieder geschlossen. Die vorwiegend von Kolibris bestäubten Tagblüher sind völlig duftlos.

Ihre die Kolibris anlockende Schauwirkung wird durch die Vereinigung der kleinen Einzelblüten in Blütenständen mit oft lebhaft gefärbter Blütenstandsachse und entsprechenden Blattorganen erzielt. Dadurch wird außerdem die Blütezeit der Pflanze verlängert. Die Einzelblüten erblühen in den Blütenständen von unten nach oben. Diese Aufblühfolge bezeichnet man als akropetal. Köpfchenförmige Blütenstände entwickeln ihre Blüten dementsprechend von außen nach innen. Dem Blütenstand fehlt eine Endblüte. Sie werden deshalb als offen bezeichnet. Es kann sich am Ende des Blütenstandes wie bei der Ananas ein aus kleinen Blättern bestehender Schopf bilden, der für die vegetative Vermehrung verwendet wird.

Bei der Anlage des endständigen Blütenstandes (Infloreszenz) wird der als Scheitel bezeichnete Vegetationskegel aufgebraucht. Es kann nur ein Blütenstand entstehen. Sehr selten werden Blütenstände als echte Seitensprosse angelegt. Das ist z. B. bei TILLÁNDSIA COMPLANÁTA und T. MULTICAÚLIS der Fall, aber nur bei T. COMPLANÁTA wächst der Scheitel weiter.

Der Blütenstand stellt eine Verlängerung der meist stark gestauchten Sproßachse dar und setzt sich aus dem unteren blütenlosen und dem oberen blütentragenden Abschnitt zusammen. Der untere Abschnitt wird als Schaft bezeichnet, seine locker angeordneten Blätter als Hochblätter. An dem oberen fertilen Abschnitt stehen die Blüten in den Achseln von Deckblättern (Brakteen).

Bei den unverzweigten einfachen Blütenständen folgen die Deckblätter unmittelbar auf die Hochblätter, während bei den verzweigten, aus mehreren Teilblütenständen zusammenge-

Blütenstand von Rosettenbromelien mit gestielten Blüten: Traube

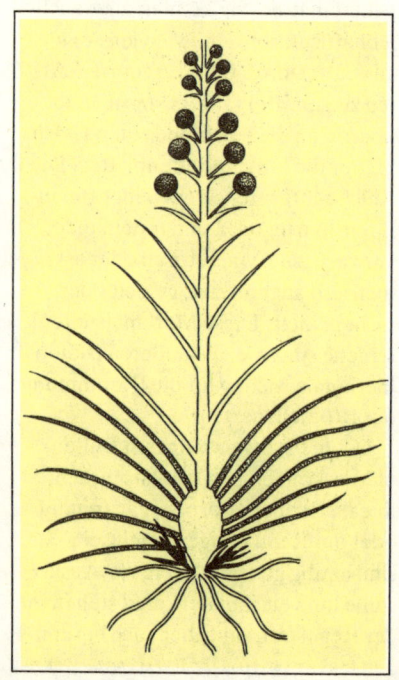

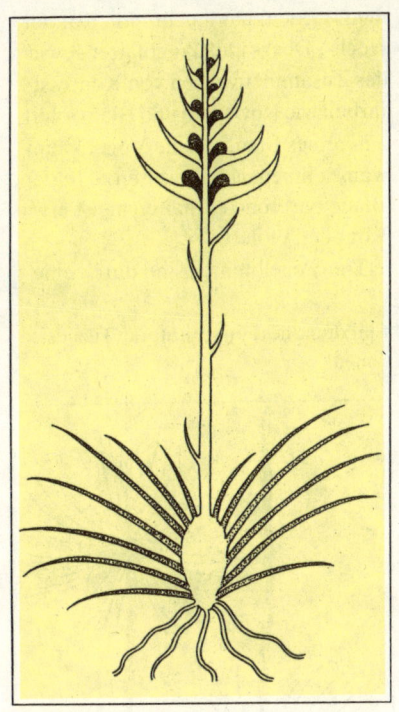

Blütenstand von Rosettenbromelien mit sitzenden Blüten: Ähre

setzten Blütenständen auf die Hochblätter besondere Blattorgane folgen. Sie tragen in den Achseln Teilblütenstände mit Deckblättern und werden als Tragblätter bezeichnet. Hochblätter, Deckblätter und Tragblätter sind gehemmte Laubblätter.

Einfache Bromelienblütenstände sind die Traube und die Ähre. Bei der Traube sind die Blüten in den Achseln der Deckblätter gestielt, bei der Ähre sitzend. Trauben finden wir bei BILLBÉRGIA- und AECHMÉA-Arten, Ähren bei GUZMÁNIA, VRÍESEA und TILLÁNDSIA. Zu den zusammengesetzten Blütenständen gehört die Doppeltraube, bei der unterhalb der Endtraube in den Achseln der Tragblätter einfache Trauben stehen. Die Doppelähre ist nach dem gleichen Prinzip aus Ähren aufgebaut. Die Teilblütenstände können noch weiter verzweigt sein, wie es bei der Rispe der Fall ist. Eine Doppeltraube besitzt z. B. AECHMÉA FERRUGINÉA, eine Doppelähre TILLÁNDSIA LATIFÓLIA.

Der Blütenstand steht meist aufrecht, kann aber auch überhängen wie bei der Nickenden Billbergie (BILLBÉRGIA NÚTANS). Bei sitzenden Blütenständen ist der Blütenstandsschaft gestaucht. Diese Form des Blütenstandes finden wir bei vielen NEOREGÉLIA- und NIDULÁRIUM-Arten, bei denen dann oft die inneren Rosettenblätter verfärbt sind und so die Bestäuber anlockende Schauwirkung hervorrufen.

Die Hochblätter sind ebenso wie Trag- und Deckblätter oft leuchtend gefärbt. Der Übergang von den Rosettenblättern zu den Hochblättern kann fließend sein, wie auch der Übergang von den Hochblättern zu den Deckblättern. Es gibt jedoch auch beträchtliche Formunterschiede. So folgen bei den Billbergien auf große, leuchtend rote Hochblätter oft kleine, unauffällige Deckblätter mit unscheinbaren Blüten.

Die Deckblätter sind an der Blütenstandsachse (Spindel, Rhachis) entweder spiralig oder zweizeilig (distich) angeordnet. Wenn die Abstände zwischen ihnen stark verkürzt sind, überdecken sich die dicht aufeinanderfolgenden Deckblätter zum Teil. Man spricht dann von einer dachziegelartigen (imbricaten) Anordnung, die einen schwertförmigen Blütenstand ergeben kann, wie er für die Sorte 'Flammendes Schwert' bei VRIÉSEA SPLÉNDENS namengebend war. Hier sind die auf die Rosette folgenden Hochblätter klein, die Deckblätter vergrößert und lebhaft gefärbt.

Über die Bestäubung der Bromelien liegen nur wenige Beobachtungen vor. Die lebhafte Färbung der Hoch- und Deckblätter, der klebrige Pollen und die oft reichliche Nektarabsonderung deuten auf eine Fremdbestäubung durch Vögel oder Schmetterlinge hin. Es herrschen Farben vor, die vom Vogelauge gut wahrgenommen werden: das leuchtende Rot der Hoch-, Deck- und Tragblätter sowie das Zusammenwirken von Kontrastfarben wie Rot, Gelb und Blauviolett. Ein reines Blau, das die Vögel kaum wahrnehmen, ist sehr selten zu finden. Blaue Farbtöne enthalten meist etwas Rot oder Violett.

Die Vogelblumen sind durch eine

Geflügelte Samen von PÚYA RAIMÓNDII

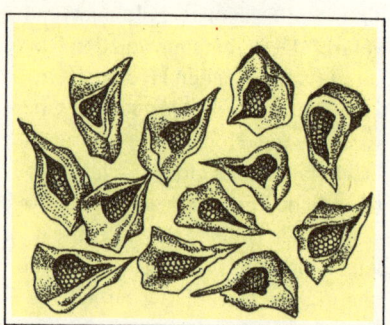

Entfaltung des Flugschirmes an Tilandsiensamen

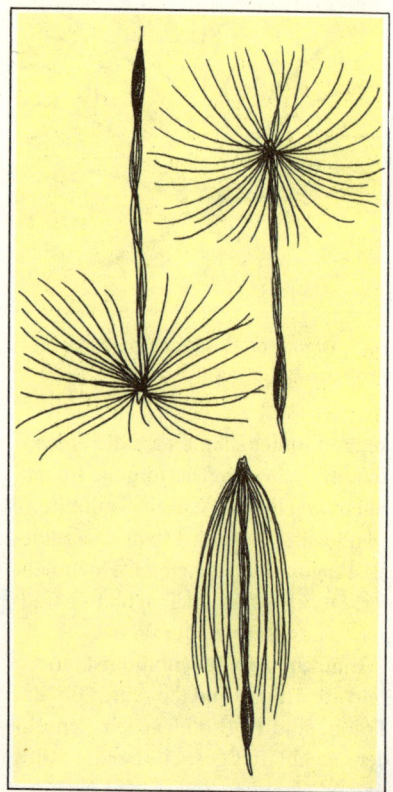

relativ lange Kronröhre gekennzeichnet, aus der Staubgefäße und Griffel weit herausragen. Sie sind vormännlich (protandrisch); ihre Staubbeutel sind bereits voll entwickelt, ihre Narben aber noch nicht belegungsfähig, wenn die nektarsuchenden Kolibris die Blüte besuchen. Sie nehmen Blütenstaub mit, der sich aber nur auf den Narben von Blüten entwickeln kann, bei denen der Pollen bereits ausgefallen ist. Dadurch wird eine Selbstbestäubung vermieden.

Wenn eine Fremdbestäubung ausbleibt, wächst bei einigen GUZMÁNIA- und AECHMÉA-Arten, aber auch bei VRIESEA SPLÉNDENS der Griffel mit den Narben bis zu den Staubbeuteln, so daß eine Selbstbestäubung erfolgt.

Aus den unterständigen Fruchtknoten entwickeln sich bei den BROMÉLIA nahestehenden Gattungen (Unterfamilie BROMELIOÍDEAE) weiße, rote oder blaue Beeren. Sie werden von Vögeln gefressen und ihre kleinen Samen wieder ausgeschieden. Die graue, braune oder schwärzliche Samenschale ist von einem zäher Schleim umhüllt. Dadurch können die Samen gut an rissiger Rinde haften.

Bei ÁNANAS und PSEUDÁNANAS wird der gesamte Blütenstand fleischig. Die Deckblätter verwachsen mit Ausnahme ihres pergamentartigen Endabschnittes mit dem Fruchtknoten zu einem kolbenförmigen Fruchtstand. Die Fruchtknoten der PITCAÍRNIA und TILLÁNDSIA nahestehenden Bromelien (Unterfamilien PITCAIRNIOÍDEAE und TILLANDSIOIDEAE) sind oberständig oder halboberständig. Sie werden zu harten Kapseln, die in den Scheidewänden (Septen) aufspringen, oft aber auch noch besondere Öffnungsmechanismen besitzen.

Bei den erdbewohnenden PITCAIRNIOÍDEAE spalten sich die Kapseln häufig zusätzlich wenigstens im oberen Drittel der Klappen. Ihre kleinen Samen sind oben häufig geflügelt. Der Wind treibt diese Samen in Felsspalten, wo sie gut haften können.

Die Samen der kapselfrüchtigen TILLANDSIOÍDEAE reifen in sechs bis zwölf Monaten. Dabei entwickeln sich seidig glänzende weiße Haare aus den äußeren Schichten der Samenhaut, die ein fallschirmähnliches Verbreitungsorgan bilden. Es wird unkorrekterweise oft als Pappus bezeichnet, obwohl unter Pappus das aus dem Kelch gebildete Verbreitungsorgan der Korbblütler verstanden wird.

4. Voraussetzungen für die Bromelienkultur

Wasser. Wachstum und Entwicklung der Pflanzen sind in entscheidendem Maße von den Umweltbedingungen abhängig. Die Pflanzen nehmen aus ihrer Umgebung die Stoffe auf, die sie für ihr Wachstum benötigen: Kohlendioxid aus der Luft, Mineralsalze aus dem Boden. Das ist aber nur möglich, wenn ausreichend Wasser zur Verfügung steht. Wasser ist das Lösungsmittel für den größten Teil der beim Stoffwechsel auftretenden Substanzen. Es ermöglicht die Quellung der Zellkolloide und wird auch – vor allem bei der Photosynthese – chemisch gebunden. Ein großer Teil des aufgenommenen Wassers wird durch Transpiration als Wasserdampf wieder abgegeben.

Jede gesunde Pflanze besteht zu etwa 80 bis 95 Prozent aus Wasser. Die Landpflanzen entwickelten mit den Wurzeln besondere Organe für die Wasseraufnahme aus dem Boden. Sie verdunsten das Wasser durch die Spaltöffnungen, die meist auf der Unterseite der Blätter liegen. Die Verdunstung steigt bei starker Sonnenbestrahlung, großer Wärme und trockener Luft. Wird mehr Wasser verdunstet, als die Pflanzen aufnehmen können, so kommt es zu einem Wasserdefizit: Die Pflanze welkt. Zunächst erschlaffen Blätter und Blüten. Oft werden dann bei länger andauerndem Wassermangel Blätter abgeworfen. Im Extremfall geht die Pflanze ein.

Viele Pflanzen besitzen in Anpassung an ihren Standort besondere Einrichtungen, um die Transpiration zu regeln. Sie können außerdem die Spaltöffnungen in Abhängigkeit von der Wasserzufuhr vergrößern bzw. verkleinern, sind aber nur in der Lage, eine bestimmte Wassermenge zu verarbeiten. Wasserüberschuß kann zu ähnlichen Schadbildern führen wie Wassermangel. Auch hier welken zunächst die Blätter.

Unsere Zimmerpflanzen werden in einer vom natürlichen Standort oft stark abweichenden Umgebung kultiviert. Ihrer Herkunft entsprechend ist der Wasserbedarf unterschiedlich hoch. Er wird außerdem durch den Entwicklungsstand bzw. das Alter der Pflanzen bestimmt. Für eine optimale Wasserversorgung ist deshalb stets die Kenntnis der Bedingungen an ihrem natürlichen Wuchsort und die Einschätzung des Entwicklungsstandes der Pflanzen Voraussetzung.

Der Wasserbedarf ist während der Wachstumsphase und der Blütenbildung am höchsten. Während der lichtarmen Jahreszeit, in der sich die meisten Pflanzen in der Vegetationsruhe befinden, nimmt er dagegen ab. Er wird aber wesentlich durch die Raumtemperaturen beeinflußt.

Die Bromelien gehören zu den Pflanzen, die nicht längere Zeit in kühlen Räumen gehalten werden können. Ihnen fehlt eine ausgeprägte Ruhezeit. Sie müssen deshalb auch während der Wintermonate regelmäßig mit Wasser versorgt werden. Dabei sind unbedingt die individuellen Ansprüche der einzelnen Arten zu berücksichtigen.

Die Kenntnis des natürlichen Wuchsortes der Pflanzen bestimmt die Pflegemaßnahmen ebenso wie ihre äußere Gestalt:

Die weißen oder grauen Bromelien, besonders die atmosphärischen Tillandsien, sind in niederschlagsarmen Gebieten mit relativ hoher Luftfeuchtigkeit anzutreffen. Sie nehmen das Wasser mit Hilfe der Schuppenhaare, die die gesamte Blattfläche bedecken können, aus der Luft auf. Aus dem Erscheinungsbild, vor allem aus der Dichte des Schuppenkleides, lassen sich die ökologischen Verhältnisse des natürlichen Standortes und die Menge der den Pflanzen zumeist als Tau zur Verfügung stehenden Niederschläge ableiten. Für diese Bromelien kommt es vor allem auf die Luftfeuchtigkeit an und auf ein den Tau simulierendes Besprühen.

Alle Trichterbromelien und die grünen Tillandsien kommen dagegen aus Gebieten mit verhältnismäßig reichen Niederschlägen und entsprechend hoher Luftfeuchtigkeit. Sie sammeln das ihnen als Regen oder Tau zur Verfügung stehende Niederschlagswasser in der trichterförmig angeordneten Blattrosette. Dieses Wasser wird kontinuierlich verbraucht und versorgt so die Pflanzen auch während einer Trockenperiode. Deshalb ist bei diesen Pflanzen darauf zu achten, daß die Trichter stets Wasser enthalten, auch während der Blütezeit.

Gießrezepte für die als Zimmerpflanzen kultivierten Ananasgewächse gibt es nicht. Standort und Jahreszeit beeinflussen auch hier die benötigte Wassermenge. Bromelien verlangen ein gleichmäßig durchfeuchtetes Substrat. Stagnierende Feuchtigkeit wirkt sich ebenso ungünstig auf die Pflanzenentwicklung aus wie das Austrocknen des Wurzelballens. Während der Wintermonate ist es vor allem an etwas kühleren Standorten ratsam, die Pflanzen etwas trockener zu kultivieren, um Fäulnis zu verhindern. Die Wurzelballen dürfen aber nie völlig austrocknen, weil die Wurzeln nach dem Wiederbefeuchten des Substrates ebenfalls faulen können.

Kommt es durch eine ungleichmäßige Wasserversorgung dennoch einmal zum Austrocknen des Wurzelballens, so werden die Pflanzen in ein mit Wasser gefülltes Gefäß gestellt und so lange darin belassen, bis keine Luftblasen mehr an der Wasseroberfläche erscheinen. Danach werden die Pflanzen einige Wochen vorsichtig gegossen und ständig beobachtet, damit Schäden sofort erkannt werden können. Dann ist es noch möglich, faulende Wurzeln zu entfernen und die Pflanze dadurch zu erhalten.

In zentralbeheizten Räumen mit relativ niedriger Luftfeuchtigkeit ist wegen der dadurch bedingten höheren Transpiration auch während des Winterhalbjahres eine erhöhte Wasserversorgung des Wurzelbereiches erforderlich. Das tägliche Gießen sollte morgens erfolgen. Es ist besser, das Substrat dabei gut zu durchfeuchten, als etwa mehrmals im Laufe des Tages geringe Wassermengen zu geben. Auf keinen Fall dürfen die Pflanzen in einem ständig mit Wasser gefüllten Untersetzer stehen, weil die Wurzeln das übermäßige Wasserangebot nicht aufnehmen können, so daß es zu Wurzelschädigungen kommt.

Durch die Erhöhung der Luftfeuchtigkeit kann die Verdunstung der Pflanze herabgesetzt und so gleichzeitig der Austrocknung des Pflanzsubstrates entgegengewirkt werden.

Ausreichende Luftfeuchtigkeit ist für den Erfolg der Bromelienkultur entscheidend. Zur Kontrolle der Luftfeuchtigkeit ist die Anschaffung eines Haarhygrometers zu empfehlen. Für die Ermittlung der Luftfeuchtigkeit müssen zwei Einheiten unterschieden werden: die absolute und die relative Luftfeuchtigkeit. Die absolute Feuchtigkeit weist aus, wieviel Gramm Wasser ein Kubikmeter Luft enthält. Für die Pflanzenkultur im Zimmer ist die Kenntnis der relativen Luftfeuchtigkeit von größerer Bedeutung. Sie verdeutlicht, wieviel Prozent der maximal aufnehmbaren Wassermenge die Luft enthält. Die optimal aufnehmbare Wassermenge, also der Sättigungsgrad, ist je nach Temperatur unterschiedlich.

Zwischen Temperatur und Luftfeuchte besteht ein enger Zusammenhang: In einem Raum von 50 Kubikmeter Rauminhalt mit einer Zimmertemperatur von 15 °C und einer relativen Luftfeuchtigkeit von 90 Prozent sinkt die Luftfeuchte auf 50 Prozent und darunter, wenn der Raum auf eine Temperatur von 25 °C beheizt wird, ohne daß zusätzlich Wasser verdunstet. Zur Erhöhung der relativen Luftfeuchtigkeit von 40 Prozent auf 80 Prozent sind bei einer Zimmertemperatur von 15 °C 462 Gramm Wasser zur Verdunstung erforderlich. Andererseits wird Wasser bei sinkender Raumtemperatur in erheblichen Mengen ausgeschieden. Beträgt in einem Raum von 50 Kubikmeter die Luftfeuchte 90 Prozent und wird die Temperatur von 25 °C auf 15 °C reduziert, so werden etwa 395 Gramm Wasser in Form von Tau freigesetzt (Rücker, 1982).

Diese Werte enthalten wertvolle

Hinweise, wenn wir sie zu den Richtwerten für die Bromelienkultur in Beziehung setzen. Einige grünblättrige Tillandsien sowie alle anderen weichblättrigen Bromelien, wie VRIESEA SPLÉNDENS und einige AECHMÉA- und GUZMÁNIA-Arten benötigen eine relative Luftfeuchtigkeit von 80 bis 90 Prozent, während die grauen und derbblättrigen TILLÁNDSIA-, BILLBÉRGIA-, NEOREGÉLIA- und NIDULÁRIUM-Arten sowie die robusten Arten von AECHMÉA diesbezüglich anspruchsloser sind und zumindest zeitweise mit einer relativen Luftfeuchtigkeit von 60 Prozent auskommen.

In der Zimmerkultur ist es oft problematisch, die Luftfeuchtigkeit optimal zu gestalten. Der Einsatz von elektrischen Luftbefeuchtern ist im Wohnbereich nicht in jedem Fall möglich. Bewährt hat sich das Aufstellen von ständig mit Wasser gefüllten Schalen in unmittelbarer Pflanzennähe – auf dem Fensterbrett, auf der Blumenbank oder im Kleingewächshaus. Die Pflanzen dürfen aber nicht im Wasser stehen, sondern über dem Wasser auf einem aufgesetzten Rost. Durch einen Heizkörper unter den Schalen kann die Verdunstung erhöht werden.

Atmosphärische Tillandsien leiden vor allem an Epiphytenstämmen häufig an zu geringer Luftfeuchtigkeit. Sie müssen deshalb täglich besprüht werden; dabei ist die ganze Pflanze, einschließlich der Wurzeln, zu be-

Wasserschale mit Raster auf einer beheizten Fensterbank

feuchten. Sollte es dennoch zum Austrocknen des Wurzelballens kommen, so müssen die Pflanzen vom Stamm abgenommen und getaucht werden.

Der nächtlichen Taubildung an den natürlichen Standorten entsprechend ist es günstig, in den Morgenstunden zu sprühen. Häufigkeit und Wiederholungen hängen von der vorhandenen Luftfeuchtigkeit und den Raumtemperaturen ab. In Räumen, die abends abkühlen, darf nicht zu spät gesprüht werden, damit die Pflanzen noch abtrocknen können. Dabei ist das bei der Raumabkühlung freiwerdende Kondensationswasser zu berücksichtigen. Stagnierendes Wasser während der Nachtstunden kann sehr leicht zu Fäulnis führen und Pilzkrankheiten begünstigen.

Je nach Temperatur und Luftfeuchtigkeit werden die Pflanzen ein- bis zweimal wöchentlich getaucht.

Um eine gute Pflanzenentwicklung zu gewährleisten, sollten Gieß- und Sprühwasser vor allem im Winter der Zimmertemperatur entsprechen. Kaltes Wasser kühlt das Substrat ebenso wie die Pflanzenteile stark ab. Dadurch werden Wasser- und Nährstoffaufnahme behindert; Wurzeln und junge Pflanzenteile können faulen. Leitungswasser hat im Winter eine Temperatur von etwa 6 °C, während im Sommer Temperaturen von etwa 20 °C möglich sind. Es ist deshalb vor allem im Winter empfehlenswert, abgestandenes Wasser zu verwenden.

Licht. Neben dem Wachstumsfaktor Wasser ist für die Pflanzen das Licht ausschlaggebend. Es liefert die für die Photosynthese benötigte Energie und ermöglicht dadurch das Wachstum der Pflanzen. Darüber hinaus beeinflußt es das Aussehen. So wirken z. B. die kurzwelligen blauen und violetten Strahlen hemmend auf das Längenwachstum. Die Pflanzen bleiben kurz und gedrungen. Eine Überschreitung der optimalen Belichtung verhärtet das Gewebe und führt zur Zersetzung des Chlorophylls und zum Vergilben der Pflanzen, im Extremfall sogar zur Zerstörung des Protoplasmas, was Verbrennungserscheinungen zur Folge hat. Bei Lichtmangel hingegen werden die Pflanzen spillrig – der Fachmann bezeichnet das als Vergeilen –; die Entwicklung der Blüten ist gestört, sie bleiben klein und sehen gelblich aus.

Ananasgewächse haben – ihrem natürlichen Standort entsprechend – sehr unterschiedliche Lichtansprüche. Viele Arten sind der direkten Sonneneinstrahlung ausgesetzt, während andere im Schatten der Baumkronen wachsen. Diese Ansprüche sind bei der Auswahl der Bromelien zu berücksichtigen.

Zu den lichtbedürftigen Arten gehören alle weißen oder graugrünen Epiphyten, deren Blattoberflächen mit Schuppenhaaren besetzt sind. Sie vergrünen, wenn sie zu wenig Licht erhalten, und ihre Blätter werden lang und schmal. Die Blütenbildung unterbleibt, und die Pflanzen verweichlichen. Harte, gut gefärbte und geformte Pflanzen erhält man nur bei ausreichender Lichtintensität.

Die aus dem Regenwald stammenden Zisternenepiphyten mit weichen Blättern benötigen wesentlich weniger Licht. Sie passen sich deshalb sehr gut an die Zimmerbedingungen an. In den Wintermonaten vertragen sie volle Sonne, während sie vom Frühjahr bis zum Spätherbst durch eine Schattierung vor zu intensiver Sonnenbestrahlung geschützt werden müssen. Ihre Blattfärbungen werden durch die Lichteinwirkung nicht intensiver, sondern die Blätter können vergilben. So läßt sich z. B. an hellen gelblichen Blättern mit unscharfen bräunlichen Streifen bei VRIĔSEA SPLÉNDENS erkennen, daß die Pflanze zu hell steht. Die Blütenstände sind dann kürzer, die Tragblätter färben sich ebenfalls nur wenig.

Besonders gefährdet sind diese Bromelien an den ersten sonnigen Vorfrühlingstagen, wenn sie plötzlich starker Lichtintensität ausgesetzt sind. Sie benötigen dann bereits leichten Schatten, damit keine Schäden durch zu starke Besonnung auftreten. Das gilt vor allem für Cryptanthen, weichblättrige Vrieseen und Guzmanien.

Lichtmessungen direkt hinter dem Fenster ergaben einen Lichteinfall von etwa 80 Prozent des Tageslichtes, während schon in 1 Meter Entfernung vom Fenster nur noch 50 Prozent des unmittelbar an der Scheibe gemessenen Wertes vorhanden waren. Der Lichteinfall ist abhängig von der Lage, der Größe und der Anzahl der Fenster, der Himmelsrichtung, der Etagenhöhe und der Wohnraumgestaltung.

Während der Wintermonate sind die Lichtverhältnisse oft unzureichend. Deshalb ist für lichtbedürftige Arten zumindest während der lichtarmen Jahreszeit eine Zusatzbelichtung unumgänglich, wenn ein Vergrünen der Pflanzen vermieden werden soll. Besonders Jungpflanzen brauchen eine ausreichende Lichtzufuhr; bereits blühende Pflanzen kommen mit etwas weniger Licht aus. Im allgemeinen benötigen Bromelien mindestens eine Belichtungsstärke von 1000 Lux.

Für die Zusatzbelichtung eignen sich Leuchtstofflampen mit unterschiedlicher Spektralzusammensetzung, wobei zur Aktivierung der Assimilation Rot- und Blauanteile von besonderer Bedeutung sind. Zur Verstärkung der Lichtintensität ist es zweckmäßig, Lampen mit einem eingebauten Reflektor zu verwenden. Wird eine Zusatzbelichtung zur Unterstützung des Tageslichtes eingesetzt, reicht eine Belichtungsdauer von 8 bis 10 Stunden aus.

Werden die lichtbedürftigen Bromelienarten während der Wintermonate ohne Zusatzbelichtung gehalten, so müssen sie vor der ersten intensiven Frühjahrssonne ebenso geschützt werden wie die schattenliebenden Vertreter. Das gilt auch dann, wenn sie auf dem Fensterbrett der vollen Sonne ausgesetzt waren. In den Sommermonaten muß besonders an einem Südfenster während der Mittagsstunden leicht schattiert werden, um eine zu intensive Sonneneinstrahlung und zu hohe Temperaturen zu vermindern.

Temperatur. In ihren Wärmeansprüchen sind die Bromelien anpassungsfähig. Sie benötigen aber eine Minimaltemperatur, die je nach Art 12 bis 15 °C nicht für längere Zeit unterschreiten sollte. Bei Temperaturen unter 8 °C muß auch bei den unempfindlicheren Arten das Wasser aus den Trichtern entfernt werden, wenn die Pflanzen nicht eingehen sollen.

Die Regenwaldbromelien sind wärmebedürftig. Sie benötigen 18 bis 22 °C zu ihrer optimalen Entwicklung, vertragen aber auch höhere Temperaturen, wenn Licht und Wasser in ausreichender Menge zur Verfügung stehen. Werden sie besonders als Jungpflanzen längere Zeit zu niedrigen Temperaturen ausgesetzt, so bleiben sie klein, bilden nur kurze, flache Rosetten und können sich kaum bis zur Blühfähigkeit entwickeln. Temperaturen über 30 °C wirken allerdings ebenfalls wachstumshemmend, weil sich die Spaltöffnungen schließen, um die Verdunstung herabzusetzen, so daß die Pflanzen dann nicht mehr assimilieren können.

Die lichtbedürftigen Epiphyten vertragen größere Temperaturschwankungen als die Regenwaldpflanzen. Sie gedeihen auch noch bei Temperaturen von 12 bis 15 °C.

Wie bereits erwähnt wurde, ist die Photosynthese lichtabhängig. Sie kann also nur am Tage erfolgen. Nachts wird ein Teil der am Tage gebildeten Substanzen zur Aufrechterhaltung der Lebensvorgänge wieder verbraucht. Dieser nächtliche Abbau ist temperaturabhängig. Er verläuft um so schneller, je höher die Nachttemperatur ist. Um wachsen zu können, muß die Pflanze am Tage mehr produzieren, als nachts verbraucht wird. Deshalb muß die Temperatur nachts gesenkt werden, darf aber das Minimum nicht unterschreiten.

Steht die Pflanze in einem relativ dunklen Zimmer, so wird sie dementsprechend wenig Substanz bilden. In diesem Fall ist es besonders wichtig, daß die Temperatur nachts niedriger liegt. Wird diese Temperaturdifferenz zwischen Tag und Nacht nicht eingehalten, so führt das zu einer schlechten Wuchsleistung bis hin zum Absterben der Pflanze. Die Temperaturabsenkung sollte bei den Regenwaldpflanzen 2 bis 4 °C und bei den lichtbedürftigeren Epiphyten 6 bis 8 °C betragen.

Zu berücksichtigen ist außerdem der Temperaturverlauf im Wurzelbereich. Bei Epiphyten entspricht er weitgehend dem der Lufttemperatur. Je mehr Erdanteile das Substrat enthält und je fester es ist, desto niedrigere Temperaturen weist es durch die gespeicherte Feuchtigkeit auf. Die Temperatur im Wurzelbereich wird aber nicht nur durch das Erd-Wasser-Luft-Verhältnis beeinflußt, sondern auch durch die immerwährende Verdunstung an der Substratoberfläche und an der Gefäßwandung.

Die Nichteinhaltung der optimalen Wurzelraumtemperaturen führt zu Wachstumsstockungen und begünstigt den Befall durch tierische und pilzliche Schädiger. 15 °C sollten nicht unterschritten werden, weil sonst stauende Nässe entstehen kann. Bei niedrigen Temperaturen muß besonders vorsichtig gegossen werden. Auch extrem starker Temperaturabfall durch zu kaltes Gießwasser kann Schäden hervorrufen. Bei zu niedrigen Temperaturen ist eine Bodenheizung zu empfehlen.

Für das optimale Wachstum ist es wichtig, daß Wärme, Licht und Feuchtigkeit im richtigen Verhältnis zur Verfügung stehen. Wenn sich ein Wachstumsfaktor dem Minimum nähert, beeinflußt er die Pflanzenentwicklung ungünstig. Bei hoher Temperatur und hoher Feuchtigkeit, aber zu wenig Licht entwickeln sich Blätter und Blüten nicht normal. Ihre Farben sind nicht kräftig ausgeprägt. Zu hohe Temperatur und viel Licht bei geringer Feuchtigkeit hemmen hingegen das Wachstum und fördern den Schädlingsbefall.

Pflanzsubstrate. Unter Pflanzsubstraten versteht man heute im erweiterten Sinn das, was früher als Erde bezeichnet wurde, nämlich alles, worin Pflanzen wurzeln und Halt bekommen können: von Erdmischungen – auch mit Kunststoffanteilen – über Laub- und Sphagnumbeimischungen bis hin zum Polystyrol für die Bodenlockerung und die Hydrokultur, sowie die Hölzer für Epiphyten.

Für alle Bromelien ein Universalsubstrat zu empfehlen, ist kaum möglich. Im Handel werden vor allem Industrie-, Einheits- oder Komposterden angeboten. Diese Substrate sind auf Grund ihres relativ hohen Nährstoff-, Kalk- und Salzgehaltes für die Kultur der Ananasgewächse wenig geeignet. Spezialerden sind aber nur in den seltensten Fällen erhältlich, so daß der Bromelienliebhaber gezwungen ist, sein Pflanzsubstrat selbst herzustellen. Dabei müssen die Wachstumsbedingungen am natürlichen Wuchsort berücksichtigt werden.

Von dem Vorkommen der Epiphyten in den Baumkronen ausgehend, ist besonders darauf zu achten, daß das Substrat locker ist, damit es genügend Luft für die Sauerstoffversorgung der Wurzeln enthält. Es muß wasserdurchlässig und nährstoffarm sein. Der pH-Wert sollte zwischen 4,0 und 5,5 liegen.

Für Aussaaten hat sich eine lockere, wasserdurchlässige, gut abgelagerte Lauberde bewährt, die mit zerriebenem Torf und Sand vermischt wird. Als Pikiersubstrat ist Lauberde, Torfmull und sandige Heideerde im Verhältnis 2 : 2 : 1 zu empfehlen. Stehen diese Spezialerden nicht zur Verfügung, so kann auch Hochmoortorf bzw. Weißtorf unter Zusatz von 20 bis 25 Prozent zerkleinertem Polystyrol als Ersatz dienen. Polystyrolflocken können durch Zerkleinern von Verpackungsmaterial auf eine Korngröße 5 bis 10 mm selbst gewonnen werden.

Für die Topfkultur ist ein Gemisch von halbverrotteter Lauberde, Torfmull und Sand oder reiner Torfmull geeignet. In der Praxis ist außerdem noch ein Gemisch aus grober Heideerde, Nadelstreu, Torf und verrottetem Laub unter Zusatz von Sand üblich. Anstelle von Torf kann dem Substrat auch frisches oder getrocknetes Sphagnum beigegeben werden. Hierbei ist aber zu beachten, daß Torf einen pH-Wert von 2,5 bis 4,0 und Sphagnum einen pH-Wert von 3,5 bis 4,5 aufweist, der den Säuregrad des Substrats wesentlich verändert. Bei der Herstellung von Pflanzsubstraten sind der vorgegebene pH-Wert sowie die Kalk- und Salzempfindlichkeit der Pflanzen zu berücksichtigen.

Das von Pflanzenliebhabern noch häufig verwendete Substrat aus Sphagnum und Farnwurzeln hat sich besonders bei den weißen bis graugrünen Tillandsien nicht bewährt. Pilz- und Algenbefall traten so stark auf, daß viele Pflanzen eingingen. Epiphytische Bromelien, vor allem die atmosphärischen Tillandsien, werden deshalb heute meist ohne Substratauflage an Holz kultiviert. Am besten geeignet ist das Holz von gerodeten Rebstöcken; Rindenstücke von Eichen, Robinien und Nußbäumen können ebenfalls verwendet werden.

Nährstoffversorgung. Von den chemischen Grundstoffen sind 10 Elemente in größeren Mengen am Bau der Pflanzen beteiligt. Sie werden als Makroelemente oder Hauptnährstoffe bezeichnet. Zu diesen lebenserhaltenden Grundstoffen gehören Kohlenstoff, Wasserstoff und Sauerstoff, die das Grundgerüst aller organischen Stoffe bilden. Der Kohlenstoff wird von der grünen Pflanze vorwiegend als Kohlendioxid aus der Luft aufgenommen, Wasserstoff und Sauerstoff gelangen als Wasser, der Sauerstoff als Element auch bei der Atmung in die Pflanze. Die übrigen Nährstoffe nimmt die Pflanze überwiegend als Mineralsalze aus dem Boden auf. Zu den Hauptnährstoffen Stickstoff, Phosphor, Kalium, Kalzium und Magnesium sowie in geringeren Mengen Schwefel und Eisen kommen dabei die nur in Spuren benötigten Mikroelemente Mangan, Bor, Zink, Kupfer, Molybdän und Chlor. Sie wirken als Biokatalysatoren im Stoffwechsel und sorgen für eine bessere Ausnutzung der Makronährstoffe.

Wichtig ist ein ausgewogenes Nährstoffverhältnis, denn ebenso wie ein Wachstumsfaktor im Minimum das Gedeihen der Pflanzen ungünstig beeinflußt, kann auch eine das Maximum überschreitende Dosierung eines Nährstoffs Schäden hervorrufen.

Die im Handel als Tabletten oder Pulver angebotenen Volldünger enthalten Makro- und Mikroelemente in ausreichendem Maße. Wird ein Gramm Volldünger in einem Liter Wasser gelöst, so ergibt das eine 0,1prozentige Nährlösung. Dabei ist besonders bei den schwerer löslichen Tabletten darauf zu achten, daß sich der Dünger vollständig löst, um Schäden durch in kleineren Bereichen mögliche zu hohe Konzentration auszuschalten. Diese Gefahr wird bei der Anwendung von Flüssigdüngern, die nur noch mit Wasser verdünnt werden, ausgeschaltet.

Für Bromelien besonders geeignet sind handelsübliche flüssige Mikronährstoffdünger, die etwa 1,5 Prozent Eisen, 1,5 Prozent Kupfer, 1,5 Prozent Mangan, 1,0 Prozent Zink, 0,4 Prozent Bor und 0,1 Prozent Molybdän in einer gut aufnehmbaren Chelatform enthalten sollten. Dieser Dünger wird kombiniert mit einem Suspensionsdünger, der Stickstoff, Phosphor und Kali enthält, oder mit einem Stickstoff-Magnesium-Spezialdünger. 10 Milliliter werden für die Substratdüngung mit 1 Liter Wasser verdünnt, für die Blattdüngung werden 4 Milliliter auf 1 Liter Wasser verwendet. Zur Unterstützung der besseren Nährstoffversorgung haben sich außerdem Metalligninsulfate, vor allem Kalziumligninsulfate, bewährt. Sie werden in derselben Konzentration angewendet wie die flüssigen Mikronährstoffdünger.

Unsachgemäße einseitige Düngung führt zu Nährstoffmangel. So ist Stickstoffmangel durch schlecht ausgebildete Blätter bei gleichzeitiger Verfärbung zu Hellgrün bis Gelb, oft mit einem rötlichen Anflug, gekennzeichnet. Im Extremfall kommt es zum Braunwerden der Blattspitzen, bisweilen sogar zum Verlust aller Blätter. Die Pflanze wächst nur schwach und sieht röhrenförmig aus. Phosphormangel verursacht gestauchten Wuchs bei gleichzeitiger geringer Blattausbildung. Die Blätter sterben von der Blattspitze aus ab. Wenn überhaupt noch Blütenstände angelegt werden, so sind sie meist verkrüppelt. Bei Kalimangel wächst die Pflanze locker, die Blätter sind teilweise verkrüppelt. Sie sehen zunächst sehr hell aus, werden später braun und sterben schnell ab.

Neben den geschilderten Mangelerscheinungen kommen aber hauptsächlich beim Anfänger oft Schäden vor, die auf eine – sicherlich wohlgemeinte – Überdüngung zurückzuführen sind. Das kann unter Umständen noch gefährlicher sein als zu wenig Düngung.

So bewirkt eine Stickstoffüberdüngung spillriges Wachstum und verzögert den Blütenansatz; im Extremfall kann sogar die Blütenentwicklung ausbleiben. Die Blätter sind dunkelgrün und rollen sich zuweilen zusammen. Auf der Blattoberfläche bilden sich punktartige Anschwellungen. Die Pflanzen sind weniger widerstandsfähig gegen Schädlinge und Krankheiten. Bei buntblättrigen Pflanzen mindert bereits eine leichte Stickstoffüberdüngung die Intensität der Färbungen.

Ein Phosphorsäureüberschuß tritt sehr selten auf. Bei einer Überdüngung zeigen sich an den Blättern ähnliche Symptome wie bei der Stickstoffüberdüngung. Es können außerdem kastanienbraune Flecken auftreten. Sehr starke Überdüngung kann zur Festlegung von Spurenelementen, besonders von Eisen, Mangan und Zink, führen. Bei Pflanzsubstraten mit einem niedrigen pH-Wert, wie sie für Ananasgewächse verwendet werden, können dann auch Chlorosen auftreten: Die Blätter werden blaß und verfärben sich gelbgrün oder gelb. Bei Kalküberschuß sind die Blätter blaßgrün gefärbt. An der Blattoberseite werden verbrennungsartige Erscheinungen sichtbar. Die Blätter welken teilweise bereits ab, wenn sie noch grün sind. Im Extremfall kann sich ein Überschuß auch sehr ungünstig auf die Stickstoff- und Magnesiumversorgung der Pflanze auswirken. Ein Eisenüberschuß ist äußerlich nicht sichtbar. Lediglich die Wurzeln sind rostrot verfärbt.

Bromelien sind empfindlich gegen zu hohe Salzkonzentrationen. Ihr Nährstoffbedarf ist gering. Zu berücksichtigen ist aber, daß das Niederschlagswasser in den Tropen nährstoffreich ist und noch zusätzlich organische Stoffe aufnimmt, wenn es an den Ästen herabläuft. Deshalb benötigen selbst atmosphärische Tillandsien eine leichte Düngung, die über das Blatt durch Versprühen oder Tauchen verabreicht werden kann. Bewährt haben sich hier 0,05prozentige Volldüngerlösungen.

Die Nährstoffaufnahme über das Blatt erfolgt schnell. Deshalb können Nährstoffe, die vorübergehend ins Minimum geraten, rasch ausgeglichen werden. Junge Blätter nehmen die Nährstoffe besser auf als alte.

Als die Wirkungsweise der Schuppenhaare erkannt worden ist und deren Bedeutung als Saugschuppen für die Wasser- und Nährstoffversorgung der epiphytisch lebenden Bromelien nachgewiesen werden konnte, glaubte man, daß die atypischen Wurzeln nur der Verankerung der Pflanze dienten und für die Nährstoffaufnahme keine Bedeutung hätten. Deshalb wurde zunächst nur über das Blatt gedüngt. Neuere Untersuchungen zeigten aber, daß verschiedene Epiphyten besser wachsen, wenn sie gleichzeitig über Blatt und Wurzel gedüngt werden. In einigen Fällen wurde sogar bei einer Düngung nur über die Wurzel ein besseres Wachstum erzielt als bei einer Düngung nur über das Blatt. Das trifft vor allem für die frühen Entwicklungsstadien zu, bei denen die Wurzeln noch nicht so stark verholzt sind. Die jungen grasähnlich aussehenden epiphytischen Trichterbromelien besitzen dann auch noch keine Zisterne zum Ansammeln von Wasser und Nährstoffen.

Außerdem wurde festgestellt, daß Stickstoff über das Blatt in erster Linie in Form von Ammoniak aufgenommen wird, über die Wurzel dagegen vor allem in Form von Nitraten. Das stimmt mit den natürlichen Lebensbedingungen überein, da bei der Stoffzersetzung in den Zisternen stets Ammoniak gebildet wird.

Beim Ein- oder Umtopfen der Bromelien muß der Nährstoffgehalt des Pflanzsubstrates berücksichtigt werden. Den meist nährstoffarmen Bromeliensubstraten wird etwa 1 Gramm Volldünger auf 1 Liter Substrat beigemischt. Schnellwüchsige Gattungen wie AECHMÉA, NEOREGÉLIA und NIDULÁRIUM erhalten bereits zur Pikiererde eine Grunddüngung von 1 Gramm Volldünger auf 1 Liter Substrat. Bei Bromelien mit geringer Wurzelbildung ist es besser, nach dem Einwurzeln eine Flüssigdüngung mit einer Volldünger-Konzentration von 0,05 Prozent als Blatt- oder Bodenapplikation zu geben.

In der Hauptwachstumszeit, während der Sommermonate, sollte die Wuchsleistung in wöchentlichen Abständen durch Düngergaben unterstützt werden. Dazu eignen sich sowohl feste als auch flüssige Dünger in schwacher Konzentration. Im allgemeinen wird für Jungpflanzen eine Konzentration von 0,05 Prozent und für ältere Pflanzen von 0,1 bis 0,15 Prozent angewendet. Wenn in den Wintermonaten günstige Wachstumsbedingungen vorliegen und die Pflanzen gut entwickelt sind, kann in Abständen von drei bis vier Wochen gedüngt werden. Obwohl hierüber unterschiedliche Meinungen bestehen, schadet es nach Praxiserfahrungen nicht, wenn in die Zisternen der Trichterbromelien kleine Mengen nur schwach konzentrierter Nährlösungen gegeben werden. Atmosphärischen Bromelien wird in vierwöchentlichen Abständen eine schwach konzentrierte Volldüngerlösung als Blattapplikation verabreicht.

Kranke, schlecht entwickelte und ballentrockene Pflanzen dürfen nicht gedüngt werden. Eine Flüssigdüngung als Blattapplikation darf nicht bei vollem Sonnenschein und hohen Temperaturen erfolgen. Günstig sind die Morgenstunden und Temperaturen von 20 bis 22 °C. Die Blattdüngung ist nur voll wirksam, wenn das Substrat über eine ausreichende Grunddüngung verfügt.

Pflanzgefäße. Der seit Jahrhunderten gebräuchliche Tontopf hat seit einigen Jahren im Plasttopf einen Konkurrenten erhalten. Für die Bromelienkultur sind beide geeignet, wenn die besonderen Materialeigenschaften entsprechend berücksichtigt werden. Der Tontopf ist durch seine Porosität allseitig wasserdurchlässig und gleicht so zu starkes Gießen leichter aus. Er trocknet aber auch schneller aus, so daß die Pflanzen leicht ballentrocken werden können. Neue Tontöpfe muß man wässern, damit schädigende Bestandteile entfernt werden und der Wasseraustausch durch die Topfwand gewährleistet ist. Die Erdtemperatur ist im Tontopf am gleichen Standort um einige Grade niedriger als im Plasttopf. Das ist besonders dann von Nachteil, wenn die Töpfe auf einer Stellfläche untergebracht sind, unter der sich keine Heizung befindet, z. B. auf einer Fensterbank in einem kühlen Zimmer.

Beim Plasttopf ist die Wasserhaltung größer, weil überschüssiges Wasser nur durch den Boden abfließen und an der Substratoberfläche verdunsten kann. Bei unsachgemäßem Gießen kann es also leicht zu stagnierender Nässe kommen, die zu Wurzelschädigungen führt. Infolge des geringen Eigengewichtes des Plasttopfes stehen größere, überhängende Pflanzen im Tontopf besser.

Gelegentlich werden auch Schaumstofftöpfe verwendet. Sie verfügen über eine gute Wärmeisolierung, sind aber sehr leicht und haben infolgedessen eine nur geringe Standfestigkeit. Die für die Orchideenkultur gebräuchlichen Lattenkörbe sind auch für einige epiphytische Bromelien gut geeignet, wenn die Bodenleisten mit einer Schaumstoffplatte abgedeckt und die seitlichen Zwischenräume mit Sphagnum ausgestopft werden, damit das Pflanzsubstrat nicht herausfällt. Das Substrat trocknet allerdings in den Kästen viel stärker aus. Deshalb ist häufiger zu gießen als bei der Topfkultur, bzw. regelmäßig in kürzeren Abständen zu tauchen.

Für Aussaaten und für zu pikierende Pflanzen eignen sich Flachtöpfe und flache, rechteckige Schalen am besten. Der Boden wird mit Topfscherben bedeckt, um einen guten Wasserabzug zu sichern. Bewährt hat es sich, wenn die Topfscherben senkrecht nebeneinander gesteckt werden. Das ist auch bei schwach bewurzelten Pflanzen in verhältnismäßig hohen Töpfen günstig, weil dadurch der Wurzelraum verkleinert wird und überflüssiges Wasser leichter abfließen kann.

Anzuchtgefäße und Topfscherben müssen sorgfältig sterilisiert werden.

5. Kulturmethoden

Anzucht und Pflege. Wenn die Bromelien die Blühreife erreichen und ihren endständigen Blütenstand anlegen, schließen sie ihr vegetatives Wachstum ab. Sie entwickeln aber die von den Gärtnern als Kindel bezeichneten Erneuerungssprosse, die man weiter kultivieren kann. Diese Weiterkultur der Kindel ist eine Form der vegetativen Vermehrung.

Bei den Zisternenbromelien entstehen diese Kindel in den Achseln der Rosettenblätter. Sie sind entweder direkt mit der Achse verbunden und stehen dicht neben der Mutterpflanze, oder sie werden an langen dünnen, ausläuferähnlichen, mit Niederblättern besetzten Achsen gebildet. Eine Ausnahme stellt GUZMÁNIA SANGUINEA mit ihren unter Wasser angelegten, gestauchten Blütenständen dar. Bei ihr entsteht der einzige Erneuerungssproß in der Mitte der Rosette an der Basis des Blütenschaftes.

Die Kindel können sich so stark entwickeln, daß sie die sich zurückbildende Mutterpflanze allmählich verdrängen. Es ist aber nicht günstig, sie zu früh von der Mutterpflanze zu trennen, weil sie von ihr kontinuierlich mit Nährstoffen versorgt werden und dadurch schneller die Blühreife erreichen. Sie sollten erst mehrere Blätter und eigene Wurzeln gebildet haben, damit sie ohne Wachstumsstörungen weiterwachsen können.

Der Trennschnitt erfolgt bei den neben der Mutterpflanze stehenden Kindeln mit einem scharfen Messer unmittelbar an der Ansatzstelle. Die Jungpflanzen dürfen nicht beschädigt werden, weil sie sonst leicht faulen könnten. Wenn – wie bei VRIESEA SPLÉNDENS – nur ein Kindel unmittelbar neben dem abgeblühten Blütenstand gebildet wird, ist eine Abtrennung kaum möglich. Die heranwachsende Pflanze verbleibt hier zusammen mit der allmählich absterbenden Mutterpflanze in dem gleichen Pflanzgefäß. Nur die braun werdenden Blätter werden vorsichtig von der alten Pflanze entfernt.

Die an den allmählich verholzenden ausläuferartigen Achsen entstehenden Kindel schneidet man mit einer Schere ab. An dem verholzten Teil entstehen zwar keine Wurzeln, aber es ist besser, ein Stück an der jungen Pflanze zu belassen, damit diese beim Abtrennen nicht beschädigt wird. Das empfindliche Gewebe der Jungpflanzen fault bei Verletzungen sehr leicht; die verkorkten Achsen sind wider-

5. Kulturmethoden

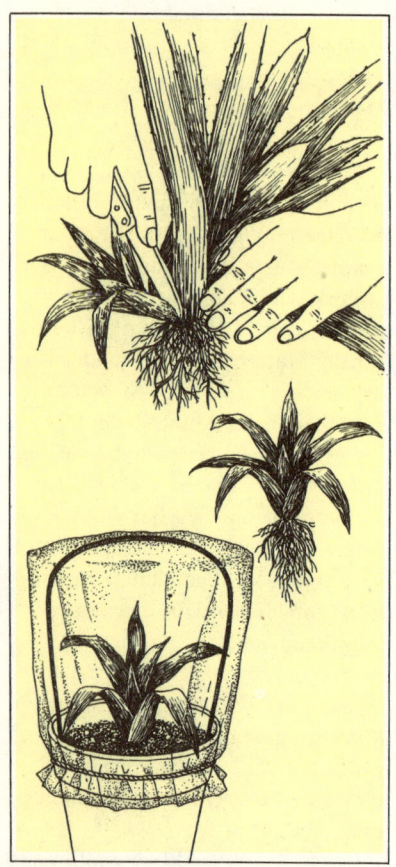

Vegetative Vermehrung: Anzucht durch Kindel

standsfähiger. Die Wurzelbildung kann bei diesen Kindeln an der Mutterpflanze gefördert werden, wenn sie auf Pflanzsubstrat gelegt werden.

Bei den meisten CRYPTÁNTHUS-Arten schieben sich die zahlreichen in den Achseln der Rosettenblätter ent-stehenden Kindel nach oben und fallen ab. Wenn sie voll entwickelt sind, lassen sie sich leicht absammeln und wachsen gut weiter.

Bei den stammbildenden Bromelien werden die Kindel einzeln oder zu mehreren an der Basis des Blütenschaftes in den Achseln der inneren Laubblätter gebildet. Sie setzen das Sproßsystem als Seitensprosse, die den Haupttrieb übergipfeln, fort. Dieses Verzweigungssystem wird als Sympodium bezeichnet. Diese Art der Kindel bilden die atmosphärischen Tillandsien wie TILLÁNDSIA CAPILLÁRIS, T. GILLIÉSII und T. RECURVÁTA. Bei T. CAPILLÁRIS wächst das erste Kindel so schnell, daß der Blütenstand zur Seite gedrängt wird.

Bei TILLÁNDSIA LATIFÓLIA endet der Blütenstand ebenso wie bei ÁNANAS COMÓSUS in einem Fortsetzungssproß, der bei ÁNANAS COMÓSUS die Frucht als Blattschopf überragt. Er kann abgetrennt werden, sobald er gut entwickelt ist.

Neben den Bromelien, bei denen die Kindel erst an blühreifen Pflanzen mit bzw. nach der Entwicklung des Blütenstandes entstehen, gibt es auch einige Arten, bei denen sich an der Basis der Rosettenachse schon in einem frühen Vegetationsstadium Adventivsprosse bilden. Zu ihnen gehören TILLÁNDSIA IMPERIÁLIS, T. MULTICAÚLIS, T. RAÚHII, T. VIRIDIFLÓRA, VRÍESEA IMPERIÁLIS und V. REGÍNA. Diese Kindel haften nur lose an der

Basis der Mutterpflanzen und lassen sich leicht abnehmen.

Je nach Größe der Kindel werden diese entweder zu mehreren relativ eng in halbhohe Schalen oder einzeln in kleine Töpfe gepflanzt. Die Kindel dürfen nicht zu tief stehen, weil sie sonst faulen könnten. Sie müssen aber so fest gepflanzt werden, daß sie nicht umfallen können. Das gilt vor allem für die Trichterbromelien, bei denen die mit Wasser gefüllte Zisterne relativ schwer ist. Das Substrat wird vor der Verwendung angefeuchtet, und beim Eintopfen wird verhältnismäßig fest angedrückt. Verwendet wird lockeres Pflanzensubstrat, um die Wurzelbildung anzuregen. Bewährt hat sich dabei der Zusatz von zerkleinertem Sphagnum.

Wenn die Kindel noch keine Wurzeln gebildet haben, sollte die Schnitt-

Kindelbildung: In der Rosette einer VRĪESEA SPLÉNDENS (links), in den oberen Blattachseln von CRYPTÁNTHUS (rechts oben), an ausläuferartigen Sprossen (rechts unten)

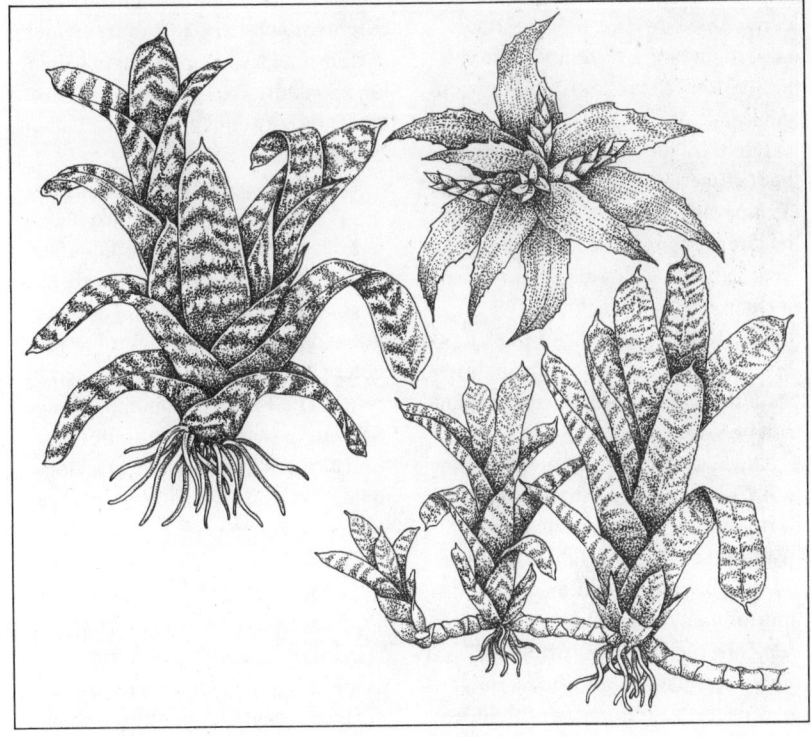

stelle zunächst antrocknen. Das ist allerdings bei Kindeln mit kleinen Wurzeln nicht mehr möglich, weil diese empfindlichen Wurzeln leiden würden. Die Schnittstelle kann aber zur Desinfektion mit Holzkohle eingepudert werden.

In den ersten Tagen hält man die Pflanzen bei erhöhter Luftfeuchtigkeit trocken, gegebenenfalls besprüht man die Blätter. Die Trichter müssen sofort mit Wasser gefüllt werden. Für die Bewurzelung der schattenliebenden Bromelien des Regenwaldes wie VRIESEA und GUZMÁNIA hat sich Bodenwärme bewährt. Sie benötigen außerdem eine Lufttemperatur von mindestens 22 bis 25 °C und müssen gut schattiert werden.

Die weniger empfindlichen lichtbedürftigeren Arten kommen mit Temperaturen von 18 bis 20 °C und leichtem Schatten aus. Für eine gute Wurzelbildung darf das Pflanzsubstrat nicht zu stark austrocknen. Bei zu großer Feuchtigkeit verdichtet sich das Substrat aber und würde dann durch stauende Nässe das Faulen der Pflanzen begünstigen.

Die vegetative Vermehrung kann mit Ausnahme der lichtärmsten Wintermonate (November bis Januar) während des ganzen Jahres erfolgen, wobei aber die Frühjahrs- und Sommermonate am günstigsten sind. Dieser Zeitraum hat den Vorteil, daß sich unter optimalen Kulturbedingungen bereits nach 12 Monaten blühfähige Pflanzen entwickelt haben. Gegenwärtig ist sie die einzige Möglichkeit, von panaschierten Pflanzen selbst Nachkommen heranzuziehen. Dazu zählen alle Formen, die durch weiße oder gelbe Längsstreifen gekennzeichnet sind. Es handelt sich hierbei überwiegend um Mutationen.

Für jeden Pflanzenliebhaber kommt zunächst die vegetative Vermehrung in Frage, denn sie führt wegen der guten Anpassung der Kindel für die Weiterkultur leichter zum Erfolg. Wer jedoch über einen beheizten Wintergarten oder über ein beheiztes Kleingewächshaus und über genügend Erfahrungen verfügt, kann sich auch ohne weiteres der generativen Vermehrung zuwenden, der Anzucht aus Samen.

Der Anfänger beginnt am besten mit den beerenfrüchtigen Bromelien aus der Unterfamilie BROMELIOÍDEAE, wie den Gattungen AECHMÉA, BILLBÉRGIA, CRYPTÁNTHUS und NIDULÁRIUM, da die Anzucht dieser Gattungen keine großen Schwierigkeiten bereitet. Die Beeren enthalten körnige Samen, die sich leichter aufbereiten und aussäen lassen als die mit Flughaaren versehenen Samen der kapselfrüchtigen Arten.

Der Aussaattermin richtet sich nach dem Alter des Saatgutes. Käuflich erworbener Samen sollte sofort ausgesät werden, da die Samen nur kurze Zeit keimfähig sind. Bei Einhaltung der vorgegebenen Temperaturen ist das zu jeder Jahreszeit möglich. Am günstigsten ist allerdings das Frühjahr. Nach der Aufbereitung des Saatgutes: Reinigen, Entfernen des zuckerhaltigen Fruchtfleisches und Trocknen, wird nicht zu dicht auf ein lockeres und durchlässiges Substrat ausgesät. Der Samen wird leicht angedrückt und als Lichtkeimer nicht bedeckt.

Anschließend wird die Aussaatfläche vorsichtig angegossen und das Gefäß mit einer Glasscheibe oder Folie abgedeckt. Dadurch ist eine höhere Luftfeuchtigkeit gewährleistet, die zu einer gleichmäßigeren und schnelleren Keimung beiträgt. Zur besseren Luftzirkulation wird an einer Seite ein dünnes Holz unter die Abdeckung gelegt.

Die Aussaatgefäße werden an einen gut schattierten Platz mit gleichbleibender Temperatur gestellt und das Substrat gleichmäßig feucht gehalten. Bei einer Temperatur von 20 °C und gleichmäßig hoher Luftfeuchtigkeit keimen die Samen nach etwa 7 bis 10 Tagen. Nach dem Auflaufen sind die Jungpflanzen im Stadium der Keimblattentwicklung besonders während der Nachtstunden empfindlich gegen erhöhte Feuchtigkeit. Sie werden durch stärkeres Lüften abgehärtet, und nach zwei bis drei Wochen kann die Abdeckung endgültig entfernt werden.

Wenn die Sämlinge so groß geworden sind, daß sie in der Aussaatschale einen geschlossenen Bestand bilden, wird zum ersten Mal vereinzelt oder pikiert. Um das Mikroklima optimal zu gestalten, werden die Abstände zwischen den Pikierlingen möglichst klein gehalten. Die Blattspitzen sollten sich gegenseitig berühren. Für die Weiterentwicklung der Pikierlinge sind Temperaturen von 20 bis 25 °C und gleichmäßige Feuchtigkeit erforderlich. Die Wuchsleistung wird gefördert, wenn die Pflänzchen täglich mehrmals übersprüht werden. Wegen der Schnellwüchsigkeit der beerenfrüchtigen Bromelien ist schon nach 8 bis 12 Wochen ein zweites Pikieren erforderlich. Dagegen kann bei langsamwachsenden kapselfrüchtigen Tillandsioideen erst nach 4 Monaten zum zweiten Mal pikiert werden.

Die Jungpflanzen verbleiben so lange in den Pikierschalen, bis der Bestand zusammengewachsen ist. Beim Eintopfen sollten die Töpfe wegen der meist geringen Wurzelbildung nicht zu groß sein. Als Ersttopf genügt oft schon ein Durchmesser von 6 bis 7 cm.

Der Zeitpunkt für das weitere Umtopfen ergibt sich aus der Durchwurzelung des Substrats. In der Regel wird alljährlich jeweils im Frühjahr umgepflanzt. Dabei dürfen nicht zu große Töpfe gewählt werden. Der neue Topf sollte im Durchmesser nur 1 bis 2 cm größer sein als der alte, wenn das Substrat gut durchwurzelt ist. Schlecht bewurzelte Pflanzen müssen in kleinere Töpfe gepflanzt werden, damit die Wurzelbildung stärker angeregt wird.

Die Anzucht der kapselfrüchtigen Bromelien ist weitaus komplizierter. Zu ihnen gehören die Gattungen GUZMÁNIA, VRIESEA und TILLÁNDSIA. Richter (1978) empfiehlt in Angleichung an die heimatlichen Standortbedingungen die folgende bewährte Anzuchtmethode: Auf den Boden der sorgfältig sterilisierten Aussaatschalen – am besten aus Ton – werden Topfscherben gelegt. Darauf kommt eine 2 cm starke Schicht von grobem, gedämpftem Torf, die angedrückt wird. Darüber wird eine dünne Lage zerkleinerter Osmundawurzeln (Königsfarnwurzeln) gebracht und ebenfalls angedrückt. Beim Füllen des Aussaatgefäßes ist darauf zu achten, daß zwischen Substrat und Schalenrand ein Zwischenraum von 2 bis 3 cm verbleibt. Mit einer Pinzette werden die Samen nicht zu dicht auf die Osmundawurzeln gelegt. Die Haarkronen dürfen sich gegenseitig nicht berühren, weil sonst Veralgung und Fäulnis den Keimerfolg inFrage stellen könnten. Als Lichtkeimer werden die Samen nicht mit Substrat bedeckt. Um einen Pilz- oder Algenbefall zu verhindern, wird die Aussaatfläche mit Hydroxychinolinsulfatlösung im Verhältnis von 1 : 1000 überbraust.

Anstelle von Osmundawurzeln empfiehlt Rauh (1981) Nadelstreu (z. B. Tannen- oder Fichtennadeln vom Rand großer Ameisenhaufen) in Verbindung mit Torf und Sand. In der Praxis werden auch häufig Sand-Torf-Gemische (1 : 1) bzw. reiner Torf, dem 2 bis 4 Gramm kohlensaurer Kalk auf 1 Liter Torf zugesetzt wird, verwendet.

Die Aussaatschalen werden ebenso wie bei den beerenfrüchtigen Bromelien mit einer Glasplatte oder Folie abgedeckt. Diese muß aber öfter gewendet werden, damit kein Tropfwasser entsteht. Das aus der Torfschicht verdunstende Wasser sorgt für eine gleichmäßige Luftfeuchtigkeit. Bei Temperaturen von 22 bis 25 °C keimen die Samen je nach Jahreszeit in etwa 12 bis 25 Tagen. Während der ersten Entwicklungsphase ist auf eine leichte Schattierung und auf ein vorsichtiges Spritzen besonderer Wert zu legen. Durch übermäßiges Gießen könnte in der oberen Substratschicht stagnierende Nässe entstehen. Der Wechsel zwischen Feuchtigkeit und leichter Trockenheit trägt zur Gesunderhaltung der Sämlinge bei. Um eine vorzeitige Veralgung des Anzuchtsubstrates zu vermeiden, ist es günstig, wenn zum Spritzen und Gießen abgekochtes Wasser verwendet wird. Die Jungpflanzen werden im allgemeinen weiterhin unter den gleichen Bedingungen kultiviert wie auch die älteren Pflanzen, aber intensiver schattiert und öfter gespritzt oder getaucht.

Die Entwicklung der Sämlinge kann, vor allem während der Wintermonate, durch eine Zusatzbelichtung beschleunigt werden; eine Nachtruhe von 8 Stunden ist dabei aber einzuhalten. Das Wachstum wird außerdem durch Blattdüngung gefördert. Hierzu eignen sich stickstoffbetonte Volldünger, die in einer Konzentration von 0,05 Prozent in zehntägigen Abständen verabreicht werden.

Die Anzucht der atmosphärischen weißen und grauen Tillandsien setzt große Erfahrungen voraus. In Liebhaberkreisen wird meist die Anzuchtmethode nach Oeser (1981) praktiziert. Dabei werden zwei etwa 30 cm lange, bleistiftstarke Lebensbaum- oder Wacholderzweige mit ihren zum Teil zurückgeschnittenen Seitenzweigen gegeneinander zusammengesteckt und mit weiteren dünnen Zweigen umwickelt, bis das Bündel eine Stärke von 2 bis 4 cm aufweist. An den Enden und in der Mitte wird das Bündel mit einer Kupferdrahtschlinge zusammengepreßt. Auf dieses Substrat wird der Samen gleichmäßig, aber nicht zu dicht ausgebracht. Durch vorsichtiges Besprühen des Zweigbündels legen sich die Flughaare fest an das Substrat an, wodurch sich der Samen gut verankert. Die Bündel werden dann an einem halbschattigen, gleichmäßig warmen und luftfeuchten Ort aufgehängt

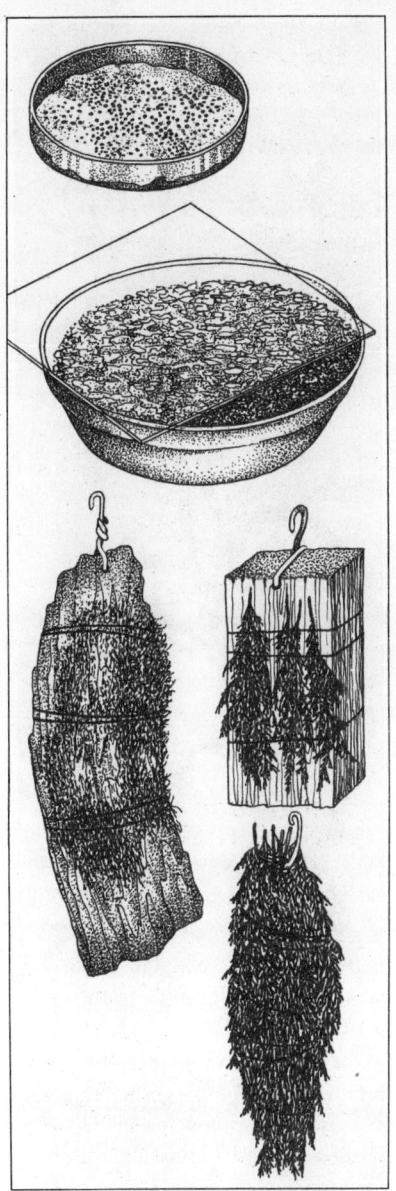

Spezielle Aussaatmethoden: Petrischale mit Fließpapier und Tonschale mit Glasabdeckung bei beerenfrüchtigen Bromelien (oben),
auf Borke, Holz oder Zweigbündeln bei Tillandsien (unten)

5. Kulturmethoden

Jungpflanze von TILLÁNDSIA USNEOÍDES mit Wurzel und zweizeilig angeordneten Blättern

und täglich – bei warmem, sonnigem Wetter auch mehrmals – in Regenwasser getaucht.

Im ersten Entwicklungsjahr wachsen die Sämlinge nur geringfügig. Das Wachstum kommt während der Wintermonate sogar ganz zum Stillstand. Dagegen ist vom Frühjahr des zweiten Jahres an eine beträchtliche Wuchsleistung zu beobachten.

Zur Vermeidung von Verbrennungsschäden muß während der Sommermonate unbedingt schattiert werden. Im dritten und vierten Jahr ist das Substrat dann so dicht bewachsen, daß die Pflanzen vereinzelt werden müssen. Die Jungpflanzen werden mit ihren zum Teil schon verholzten Wurzeln auf ein dickeres Zweigbündel umgesetzt und mit einem Kunststoffaden festgebunden. Kleinere Pflanzen befestigt man mit einem Klebstoff auf dem Substrat.

Eine platzsparende Vermehrungsmöglichkeit stellt die Anzucht auf Holzrähmchen dar, in die ein engmaschiges Dederongewebe gespannt wird. Aussaat und Jungpflanzenkultur entsprechen der für die Zweigbündel geschilderten Methode. Tägliches Tauchen der Rähmchen in Regenwasser mit Zusatz eines Volldüngers in schwacher Konzentration hat sich in der Praxis gut bewährt.

Die Darlegung der Vermehrungsmethoden wäre ohne den Hinweis auf die Gewebe- oder Meristemkultur unvollständig. Bei dieser Art der Vermehrung ist es möglich, aus einem teilungsfähigen Pflanzengewebe, dem Meristem, Zellgewebe herauszulösen und neue Pflanzen heranzuziehen. Aus den zu vermehrenden Pflanzen werden etwa 0,1 bis 0,3 mm große Explantate mit einem Skalpell herausgelöst und auf ein steriles Nährmedium übertragen. Das sich in sterilen Reagenzgläsern oder Kolben befindliche Nährmedium setzt sich aus organischen und mineralischen Bestandteilen zusammen, die zum Teil mit Agar-Agar verfestigt werden. Durch fortlaufende Sprossung entwickeln sich aus einem einzigen Explantat sehr viele Nachkommen mit gleichen Eigenschaften. Diese müssen mehrfach auf andere Nährböden übertragen werden, bis sie die Größe von pikierfähigen Sämlingen erreicht haben. Sie werden dann in normales Anzuchtsubstrat pikiert und so weiter kultiviert wie die Sämlinge.

Diese Vermehrungsmethode setzt umfangreiche technische Einrichtungen und Spezialkenntnisse voraus. Sie ist deshalb an Forschungsinstitute und Spezialbetriebe gebunden. Für die Anzucht von seltenen sowie schwer vermehrbaren Bromelien, z. B. von panaschierten Formen, liegen erste Untersuchungsergebnisse vor. Durch eine praxisreife Entwicklung könnten so dem Bromelienfreund seltene und interessante Arten erschlossen werden.

Die Pflege der herangewachsenen Bromelien hängt ebenso wie die der im Handel oder durch Tausch erworbenen Pflanzen von den Umweltbedingungen ab, die wir ihnen in unseren Wohnräumen bieten können. Diese Möglichkeiten wurden deshalb eingehend beschrieben (s. Seite 24 ff.).

Der Klimaverlauf in Mitteleuropa muß bei den Pflegemaßnahmen berücksichtigt werden. Gute Wachstumsbedingungen können wir unseren Pflanzen vor allem während der Sommermonate bieten. Wenn im mitteleuropäischen Winter die Freilandpflanzen eine durch die Kälte bedingte Ruhezeit durchlaufen, ist ein erheblicher Aufwand nötig, um das Pflanzenwachstum in Gewächshäusern und Wohnungen zu fördern. Deshalb sollte man Pflanzen aus Trockengebieten die Trockenzeit während der Wintermonate als Ruheperiode einhalten lassen. Als Zeit verminderten Wachstums beeinflußt diese Periode die Entwicklung der Pflanzen und damit ihr typisches Aussehen sowie ihre Blühfähigkeit entscheidend. Die Pflanzen sind dann an möglichst hellen Standorten kühler und trockener zu halten.

Von der Nordhalbkugel stammende Pflanzen finden in diesem Rhythmus im wesentlichen die Bedingungen ihrer natürlichen Wuchsorte wieder, während von der Südhalbkugel stammende Pflanzen entgegengesetzte Bedingungen vorfinden: Der Südsommer als Vegetationsperiode mit reichlichen Regenfällen ist zeitgleich unserem Winter und die Trockenzeit (Ruheperiode) im Südwinter fällt in unsere Sommermonate. Bei ihnen wurden deshalb häufig Anpassungsschwierigkeiten an den Ablauf unserer Pflegemaßnahmen festgestellt. Oft setzt ihr Wachstum bereits während der Wintermonate ein, und sie neigen bei zu hohen Temperaturen, reichlichen Wassergaben und Lichtmangel zu spillerigem Wuchs. Während unserer Sommermonate müssen die Kulturbedingungen dann so gestaltet werden, daß die Pflanzen zu Beginn der kalten Jahreszeit gut entwickelt und abgehärtet sind.

Es wurde bereits darauf hingewiesen, daß es vor allem für die nicht aus Trockengebieten stammenden Bromelien keine ausgesprochene Ruheperiode während der Wintermonate gibt. Inwieweit das Wachstum in diesem Zeitraum gefördert werden kann, hängt vor allem von der Belichtung ab.

Im Zierpflanzenbau werden die Bromelien ihren Licht- und Temperaturansprüchen entsprechend in drei Gruppen eingeteilt. Aus ökonomischen Gründen werden dabei die Temperaturen während der als Ruheperiode bezeichneten Wintermonate so weit abgesenkt, wie es ohne eine den Kulturerfolg gefährdende Wachstumsbeeinträchtigung möglich ist. Während der Vegetationsperiode im Sommer muß bei länger anhaltendem kühlem Wetter vor allem bei den empfindlichen Regenwaldpflanzen der Gruppe 1 geheizt werden. Die in der Praxis üblichen Werte sind in Tabelle 1 (s. S. 110) zusammengefaßt. Sie geben uns einen Anhaltspunkt für die Bedingungen, denen die Pflanzen, die wir in den Blumengeschäften erwarben, bisher meistens ausgesetzt waren.

Da es nicht immer möglich ist, diese Werte in den Wohnräumen einzuhalten, kommt es darauf an, alle Wachstumsfaktoren so zu regeln, daß sie dem sich im Minimum befindenden Faktor angepaßt werden. Andererseits ist es möglich, in Blumenfenstern, Vitrinen und Kleingewächshäusern Bedingungen zu schaffen, unter denen empfindlichere Bromelien gehalten werden können, die für Massenkulturen nicht in Frage kommen. Für den Pflanzenfreund, der sein Interesse an Bromelien meist bei der Pflege von Pflanzen aus den Blumengeschäften entdecken wird, enthalten diese Werte eine erste Richtlinie. Mit der Vergrößerung der Sammlung wachsen dann auch die Erfahrungen, und es wird möglich, auf die Ansprüche der verschiedenen Arten einzugehen.

Zu Gruppe 1 gehören die Bromelien, die hohe Temperaturen, aber auch hohe Luftfeuchtigkeit benötigen und im Sommer vor zu großer Sonneneinstrahlung geschützt werden müssen. Sie werden von Ende März bis Anfang September schattiert. Die für die Gartenbaubetriebe wichtigsten Vertreter dieser Gruppe sind VRIESEA SPLÉNDENS, die GUZMÁNIA-Arten und -Hybriden sowie CRYPTÁNTHUS ZONÁTUS mit seinen Varietäten.

Die Pflanzen der Gruppe 2 können etwas kühler gehalten werden – wir bezeichnen die hier erforderlichen

Temperaturen als temperiert –, benötigen aber ebenfalls hohe Luftfeuchtigkeit und vertragen mehr Licht. Sie werden im Sommer den Witterungsbedingungen entsprechend schattiert. Zu ihnen werden VRÍESEA PSITTÁCINA, V. HIEROGLÝPHICA, verschiedene VRÍESEA-Hybriden wie die Sorte ‚Flammendes Schwert', CRYPTÁNTHUS ACAÚLIS, C. BIVITTÁTUS, NIDULÁRIUM INNOCÉNTII, N. FÚLGENS und BILLBÉRGIA RÓSEA gerechnet.

Gruppe 3 benötigt viel Licht. Nur so kann sich die schöne silberweiße Blattfärbung entwickeln, die durch den dichten Besatz mit Schuppenhaaren hervorgerufen wird. Schattiert wird nur bei praller Sonne. Die Luftfeuchtigkeit sollte aber nicht unter 60 Prozent absinken. Deshalb wird häufig gesprüht. Entsprechend kultiviert werden z. B. AECHMÉA FASCIÁTA, BILLBÉRGIA NÚTANS, NEOREGÉLIA CAROLÍNAE und N. CONCÉNTRICA.

Ob die Pflanzen in den Gartenbaubetrieben so kultiviert und vor dem Verkauf abgehärtet werden, daß sie sich in den Wohnräumen gut halten, können wir an ihrem Aussehen erkennen. In der Regel bilden in Topfkultur herangezogene Pflanzen ihre charakteristischen Merkmale – vor allem Blattfärbungen und Schuppenhaarbesatz, aber auch Bestachelungen – besser aus. Sie sind gedrungener und kräftiger. Ausgepflanzte Bromelien entwickeln sich schneller, sind aber oft verweichlicht, was sich negativ auf den Habitus auswirkt. Sie sind dann nur unvollkommen gefärbt und unregelmäßig beschuppt. Wenn sie erst kurze Zeit vor dem Verkauf eingetopft werden, ist der Wurzelballen oft nicht ausreichend entwickelt, und die Pflanzen passen sich demzufolge schlecht an die Wohnraumbedingungen an.

Dagegen hat sich in der Praxis eine Kombination von Auspflanzkultur und Topfkultur bewährt: Die Bromelien werden etwa bis zur Hälfte ihrer Entwicklungszeit ausgepflanzt und dann in nicht zu große Gefäße eingetopft. Durch diese Methode wird das vegetative Wachstum gefördert und eine gute Wuchsform erzielt, verbunden mit einer intensiven Blattfärbung und einer besseren Blütenausbildung. Die Überleitung von der Erd- zur Topfkultur ist zu jeder Zeit möglich, der günstigste Zeitpunkt liegt jedoch vor Beginn des Knospenansatzes bzw. nach Abschluß der Knospenentwicklung.

Diese Methode kann auch in Kleingewächshäusern angewendet werden, wenn ausreichend Platz zur Verfügung steht und Pflanzen für die Wohnräume bereitgestellt werden sollen. Werden dagegen Bromelien ausgepflanzt, um ein Blumenfenster zu gestalten, so ist besonders darauf zu achten, daß alles vermieden wird, was die Pflanzen verweichlichen könnte, wie zu hohe Wasser- und Düngergaben oder zu wenig Licht bei zu hohen Tem-

5. Kulturmethoden

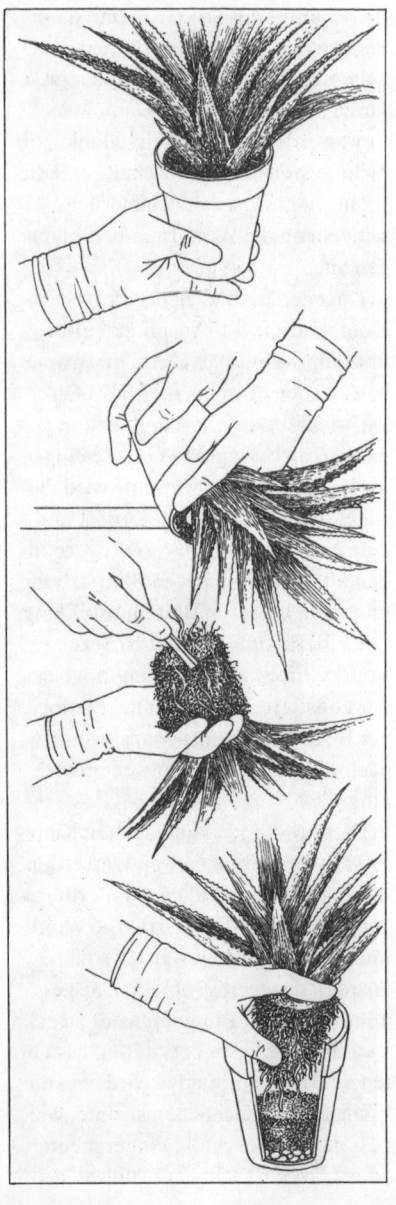

Umtopfen

peraturen. Grundsätzlich ist beim Übergang zur Auspflanzkultur zu bedenken, daß die Topfkultur »beweglicher« ist. Daß die in Töpfen kultivierten Pflanzen zumeist etwas langsamer wachsen und dadurch etwas kleiner bleiben können, muß nicht unbedingt ein Nachteil sein. Sie sind oft kräftiger und blühwilliger.

Es wurde bereits bei der Jungpflanzenanzucht (s. Seite 41) darauf hingewiesen, daß der günstigste Zeitpunkt für das Umtopfen das Frühjahr ist. Beim Umtopfen dürfen die Wurzeln nicht beschädigt werden. Das ist besonders wichtig, wenn die Wurzeln am Innenrand eines Tontopfes fest ansitzen. In diesem Fall ist es besser, den Tontopf zu zerschlagen.

Wie alle anderen frisch umgetopften Pflanzen sind auch die Bromelien zunächst nur wenig zu gießen. Die Wurzelbildung wird durch gespannte Luft mit hoher Luftfeuchtigkeit und leichtes Spritzen gefördert. Das beim Umpflanzen häufig ausgegossene Zisternenwasser muß ungedingt wieder ersetzt werden. Es ist stets ein angefeuchtetes Pflanzsubstrat zu verwenden. Einige Stunden vor dem Umpflanzen werden die Pflanzen durchdringend gegossen, um Störungen in der Wasserversorgung zu vermeiden.

Steuerung der Blütezeit. In den Gartenbaubetrieben wird die Möglichkeit genutzt, den Blühtermin der Bromelien zu beeinflussen. Die Versuche gehen auf Beobachtungen in den Ananasplantagen zurück. Gegen Ende der zwanziger Jahre stellte man fest, daß die Pflanzen früher fruchteten, wenn in ihrer Umgebung Gebüsch abgebrannt wurde. Als blütenstimulierender Faktor wurde das im Rauch enthaltene Äthylengas (Ethen) ermittelt. Seit 1932 wird in Ananasplantagen zur Blüteninduktion vorwiegend Azetylengas (Ethin) angewandt. Dieses Gas entsteht bei der Auflösung von Kalziumkarbid in Wasser nach der Formel $CaC_2 + 2H_2O = Ca(OH)_2 + C_2H_2$. Reaktionsprodukte sind Kalziumhydroxid und das gasförmige Azetylen. Dieser äußerst reaktionsfähige Kohlenwasserstoff greift entscheidend in den Stoffwechselprozeß der Pflanze ein und wird von den Saugschuppen des Blattgrundes aufgenommen. Voraussetzung für eine erfolgreiche Behandlung ist eine gleichbleibende Temperatur von 20 bis 25 °C, auch während der Nachtstunden, und eine ausreichende Belichtung. Die zu behandelnden Pflanzen müssen gesund und wüchsig sein und etwa das blühfähige Alter erreicht haben. Ein zu früher Einsatz von Azetylen geht auf Kosten der Blüten- und Fruchtausbildung.

Seit 1962 wird daran gearbeitet, auch andere Gattungen der Ananasgewächse in ähnlicher Weise zu stimulieren. Waren es zunächst Guzmanien, bei denen diese Methode erprobt wurde, so sind es gegenwärtig vorwiegend AECHMÉA FASCIÁTA, VRÍESEA SPLÉNDENS und andere Trichterbromelien. Dabei zeigte sich, daß die Blüteninduktion ebenfalls erst eingeleitet werden kann, wenn die Pflanzen eine bestimmte Größe erreicht haben. So tritt z. B. bei VRÍESEA SPLÉNDENS eine Wirkung erst bei einem Pflanzendurchmesser von 30 cm ein. Um eine Verschmutzung der Trichter zu vermeiden, wird das die Blütenbildung stimulierende Azetylen entweder direkt aus der Gasflasche in die randvoll mit Wasser gefüllten Trichter geleitet und zur Lösung gebracht, oder unter eine Folie geblasen, mit der die Pflanzenbestände luftdicht überspannt werden. Der Vorteil dieser wegen der Brennbarkeit des Azetylens nur unter exakter Einhaltung der Arbeitsschutzbestimmungen einsetzbaren Methode für die Praxis liegt in der gleichzeitigen Blüteninduktion. Ein Pflanzenbestand, der früher und gleichmäßiger blüht, räumt die Gewächshausflächen eher und ist deshalb wirtschaftlicher. Für die Weiterkultur der behandelten Pflanzen in den Wohnräumen entstehen keine Nachteile.

Für den Pflanzenliebhaber kann es interessant sein, die Blütezeit seiner Bromelien zu beeinflussen. Dabei wird es sich nur um kleine Pflanzenbestände oder Einzelpflanzen handeln. Hier hat sich die Anwendung von Kalziumkarbid am besten bewährt. Es werden 5 Gramm Karbid in 1 Liter Wasser gelöst. Diese Lösung wird in die zuvor geleerten Trichter gegossen. Dabei ist zu beachten, daß während der ersten 14 Tage nach der Behandlung die Karbidlösung in den Trichtern nicht verändert wird. Durch die Wirkung des Kalziumkarbids wird die Entwicklung der Pflanze so beschleunigt, daß etwa nach 6 bis 7 Wochen die Blütenstände durch Streckung des Infloreszenzschaftes hervortreten.

Um Lösungsrückstände an den Blättern zu vermeiden, ist es ratsam, das Karbidpulver in ein nicht zu dünnes Dederon- oder Leinensäckchen zu füllen und in das Wasser zu hängen. Über das Verhalten der trichterlosen atmosphärischen Tillandsien bei einer Azetylenbehandlung liegen noch keine praxisreifen Ergebnisse vor.

Ein neues Präparat, Bromblüte, das einfacher zu handhaben ist, wird heute in den Gartenbaubetrieben mit gutem Erfolg eingesetzt. 40 ml Bromblüte werden in 1,5 Liter Wasser gelöst und etwa 15 ml davon in den völlig entleerten Blatttrichter gegossen.

Saatgutgewinnung. Für den Bromelienliebhaber, der Pflanzen aus Samen heranziehen möchte, ist die Beschaffung von Saatgut ein großes Problem. Bei einer größeren Anzahl von Pflanzen besteht aber durchaus die Möglichkeit, selbst Saatgut zu gewinnen.

Mit Ausnahme der sich bei Ausbleiben einer Fremdbestäubung selbst bestäubenden AECHMÉA- und GUZMÁNIA-Arten sowie VRIESEA SPLÉNDENS, bei denen der Griffel mit den Narben bis zu den Antheren hinwächst, müssen die Bromelien künstlich bestäubt werden. Da der größte Teil der Ananasgewächse selbststeril ist, also mit dem eigenen Pollen keine Samen bildet, müssen mindestens zwei blühende Pflanzen der gleichen Art aus verschiedenen Herkünften zur Verfügung stehen. Das ist bei aus Samen herangezogenen Pflanzen kein Problem, wohl aber bei den vegetativ vermehrten. Die Selbststerilität der Mutterpflanze überträgt sich auf ihre Kindel, so daß Pflanzen eines aus einer Ausgangspflanze hervorgegangenen Klons nicht miteinander gekreuzt werden können.

Der Pollenstaub wird von der einen Pflanze auf die empfängnisbereiten Narben der anderen Pflanze übertragen. Im wesentlichen hängt der Erfolg von dem Zeitpunkt der Bestäubung und von den klimatischen Bedingungen ab. Dabei ist zu beachten, daß die Blüten sehr kurzlebig sind, von zwei Stunden bis etwa zwei Tagen, und daß Tag- und Nachtblüher zu unterscheiden sind.

Nur wenn auf eine Bestäubung eine Befruchtung folgt, können Früchte ausgebildet werden. Die Zeitdauer der Samenentwicklung ist je nach Gattung und Art unterschiedlich. Sie liegt zwischen einigen Monaten und zwei Jahren, wobei AECHMÉA FÚLGENS die kürzeste und GUZMÁNIA SANGUÍNEA die längste Entwicklungszeit benötigt (s. Tabelle 2, Seite 110 f.).

Aus den unterständigen Fruchtknoten der zu der Unterfamilie der BROMELIOÍDEA gehörenden Gattungen entwickeln sich intensiv gefärbte Beeren. Die Samenernte beginnt, wenn sich die Samen dunkel färben. Sie werden zunächst durch Waschen in einer 0,1prozentigen Hydroxychinolinsulfatlösung vom Fruchtfleisch befreit. Sie verbleiben zur Desinfektion 24 Stunden in dieser Lösung. Anschließend werden sie an einem luftigen, warmen Ort möglichst schnell getrocknet, um eine unkontrollierte Keimung zu vermeiden, und möglichst sofort ausgesät.

Die zur Unterfamilie der TILLANDSIOÍDEA gehörenden Gattungen haben dagegen einen oberständigen, bzw. einen halboberständigen Fruchtknoten, aus welchem sich eine harte Kapselfrucht entwickelt. Verfärbt sich die in der Regel 6 cm lange, zylindrische oder teilweise stumpfdreikantig ausgebildete Frucht bräunlich, so beginnt der Reifeprozeß. Der Samen ist erntereif, sobald die Kapsel anfängt, aufzuplatzen. In der Frucht liegen die Samen dicht gedrängt beieinander. Die Flughaare des Basalanhanges haben sich noch nicht voneinander gelöst und bilden einen Stiel, an dessen Spitze der Samen sitzt. Beim Aufplatzen der Kapsel breiten sich die basalen Flughaare fallschirmartig aus und bewegen sich mit dem Samen nach unten frei in der Luft. Dadurch kann ein größeres Verbreitungsgebiet besiedelt werden. Die Flughaare dienen gleichzeitig als Haftorgan zur Befestigung an Bäumen und Felswänden. Bei den Tillandsioideen sind die Samen braun, schmal, spindelförmig und 1 bis 7 mm lang. Ein normal ausgereifter keimfähiger Samen ist an der Beschaffenheit der ihm anhaftenden Flughaare zu erkennen. Sie müssen seidig, weiß und glänzend aussehen. Notreifer, nicht keimfähiger Samen hat dagegen mattaussehende, strohartige Flughaare, die sich beim Öffnen der Kapsel nicht entfalten.

Die Früchte eines Blütenstandes werden geerntet, wenn die erste Kapsel aufzuplatzen beginnt. Danach breitet man sie an einem luftigen, trockenen Ort zum Nachtrocknen aus. Sind alle Kapseln aufgeplatzt, so wird der Samen vorsichtig entnommen und möglichst bald ausgesät. Das Saatgut ist in einem geschlossenen Behälter zu lagern. Es ist relativ kurze Zeit keimfähig.

Schädlingsbekämpfung. Im Vergleich zu anderen Zierpflanzen aus den Tropen sind Bromelien gegen Krankheits- und Schädlingsbefall weniger anfällig. Trotz aller Bemühungen läßt es sich aber nicht immer vermeiden, daß sie von Krankheitserregern wie Bakterien, Pilzen und Viren oder von Schädlingen wie Woll-, Schmier- oder Schildläusen befallen werden. Es kann auch vorkommen, daß mit neu erworbenen Bromelien Schädlinge ins Heim eingeschleppt werden. Um ein Übertragen auf andere Pflanzen zu verhindern, sollten diese Pflanzen nach Möglichkeit ein bis zwei Wochen von den übrigen getrennt gehalten und beobachtet werden. Auch wenn Schädlinge auf Pflanzen erscheinen, die schon längere Zeit im Bestand sind, sollten die befallenen Pflanzen unverzüglich abgesondert werden. Am Anfang des Befalls ist es oft noch möglich, die Schädlinge physikalisch zu bekämpfen; bei stärkerem Befall ist jedoch eine chemische Bekämpfung unumgänglich.

Durch optimale Kulturbedingungen, die auf die Umwelteinflüsse des natürlichen Standortes abgestimmt sein müssen, sowie durch ausreichende Kenntnis der Pflanze und ihrer Eigenschaften werden gesunde, wuchsfreudige Pflanzen erzielt, die widerstandsfähig gegen Parasitenbefall sind. Alle Maßnahmen, die den Entwicklungsrhythmus der Pflanze zu stark beschleunigen, wie über das Optimum hinausgehende Temperaturen, zu wenig Licht und einseitige hohe Stickstoffgaben, führen zur Verweichlichung der Pflanzen und somit zwangsläufig zur Anfälligkeit für Krankheiten und zur Schwächung der natürlichen Abwehr von Schädlingen.

Neben den tierischen Schädlingen spielen auch Pilze eine Rolle, die als Saprophyten im Erdsubstrat leben.

Sie können sich sehr schnell vermehren und befallen dann vor allem keimende Samen oder Jungpflanzen. In Spezialkulturen wurden in den letzten Jahren besonders die Bestände von AECHMÉA FASCIÁTA durch eine Fusariumart, die sogenannte »Aechmea-Welke«, geschädigt.

Mit der Bekämpfung der Schädlinge bei den Bromelien sind Probleme verbunden; denn nicht alle im Handel angebotenen Bekämpfungsmittel, besonders solche, die auf der Basis von Mineralölen aufgebaut sind, können verwendet werden, weil das Öl die Spaltöffnungen verschließt. Zu Schädigungen kann es außerdem kommen, wenn Schädlingsbekämpfungsmittel auf die Pflanze gegeben werden und sich Spritzflüssigkeit in der Zisterne ansammelt. Diese Flüssigkeit muß unmittelbar nach der Behandlung entfernt und die Zisterne mit frischem Wasser aufgefüllt werden.

Bei starkem Schädlingsbefall ist eine einmalige Anwendung der Bekämpfungsmittel wenig erfolgversprechend. Unter Berücksichtigung des Populationszyklus des Schädigers kann eine zwei- bis dreimalige Wiederholung, in Abständen von etwa 10 Tagen, erforderlich werden. Aus den in Tabellen 4 und 5 auf den Seiten 112 ff. zusammengestellten Symptomen lassen sich die Bekämpfungsmaßnahmen für die häufigsten Krankheiten und Schädlinge ableiten.

6. Verwendungsmöglichkeiten

Bromelien, als Topfpflanzen im Zimmer kultiviert, wirken durch ihre bizarren Wuchsformen und die interessanten Blattfärbungen auch einzeln dekorativ. Wer sich aber für diese Pflanzen besonders interessiert, könnte versuchen, Bromelien in Gruppen oder zusammen mit Vertretern anderer Pflanzengattungen zu halten. Ebenso wie in der Natur, besonders im Regen- und Nebelwald, Bromelien zusammen mit anderen epiphytisch wachsenden Pflanzen vorkommen, so können diese Tropenpflanzen auch auf dem Blumenfenster, in der Pflanzenvitrine, im Flaschengarten oder an der Epiphytenwand ihren Platz bekommen. Besonders typisch für eine Gestaltung mit Bromelien im Heim ist der Epiphytenstamm.

Der Pflanzenliebhaber beginnt sein Hobby meist auf der *Fensterbank:* Sie ist zunächst der wichtigste Standplatz für seine Pflanzensammlung. Leider ist der Platz hier oft so gering, daß kaum ein 10-cm-Topf aufgestellt werden kann. Eventuell läßt sich die Stellfläche durch Eindübeln von Stahlblechkonsolen, auf die eine Abdeckung gelegt wird, verbreitern. Entscheidend für die Auswahl der auf der Fensterbank zu kultivierenden Pflanzen sind die Standortbedingungen: vor allem die Himmelsrichtung und die Etagenhöhe der Wohnung – wegen des Lichteinfalls – sowie ausreichende Bodenwärme. Entspricht die jeweilige bauliche Situation nicht den Anforderungen der Pflanzen, so muß gegebenenfalls eine Zusatzbelichtung

Anordnung verschiedener Bromelien auf dem Fensterbrett

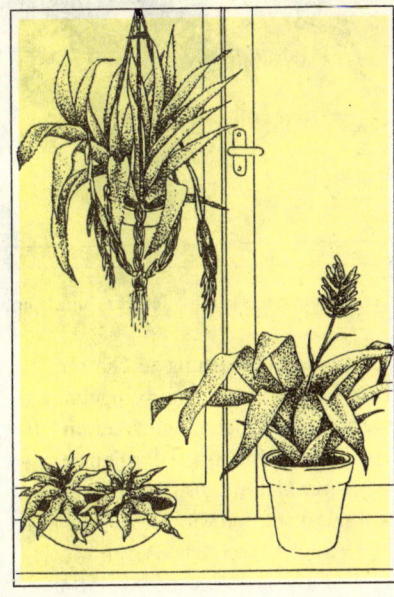

6. Verwendungsmöglichkeiten

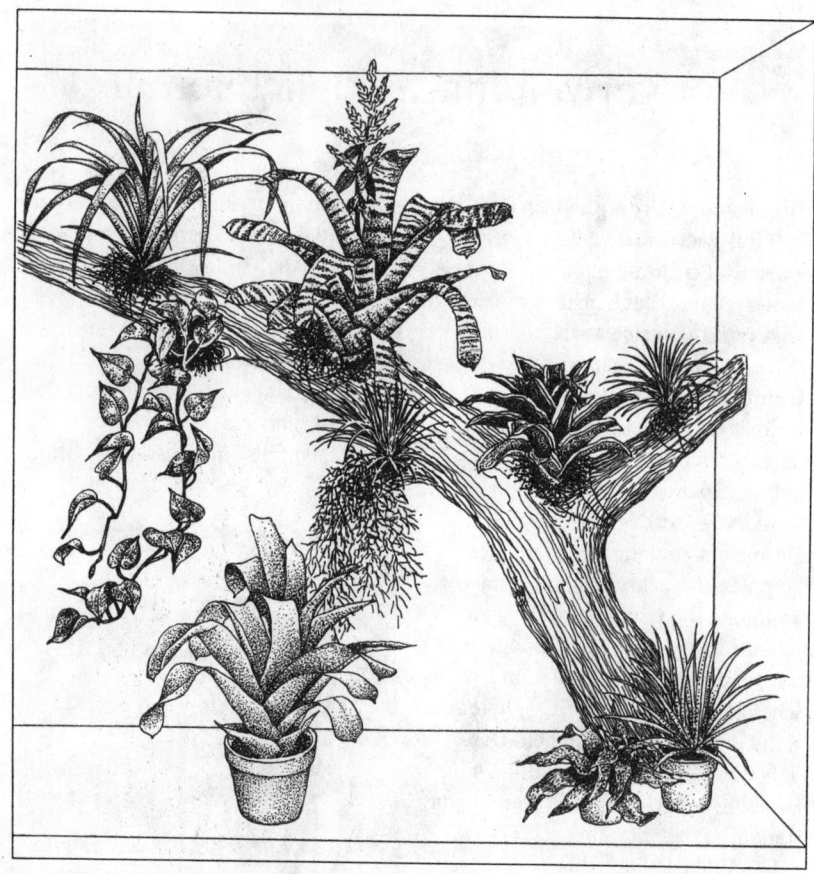

Gestaltung eines Blumenfensters mit Epiphytenstamm

bzw. eine Beschattung geschaffen oder eine Bodenheizung eingebaut werden. Den Platzmöglichkeiten entsprechend können auf der Fensterbank nur kleinwüchsige Bromelien kultiviert werden wie AECHMÉA DISTICHÁNTHA, A. GRÁCILIS, A. MINIÁTA, A. NUDICAÚLIS, A. RACÍNAE, ÁNANAS NÁNUS, GUZMÁNIA LINGULÁTA, G. MELINÓNIS, G. MÍNOR, NEOREGÉLIA CAROLÍNAE, N. CYÁNEA, N. PAUCIFLÓRA, NIDULÁRIUM RÚTILANS, VRIESEA RACÍNAE.

Der Schritt von der Haltung der Bromelien auf der Fensterbank hin zum *Blumenfenster* ist nicht sehr groß.

Mit einigem handwerklichen Geschick kann eine Erweiterung der Fensterbank selbst vorgenommen werden, besonders wenn es sich um ein zum Zimmer hin offenes Blumenfenster handelt. Durch die so gewonnene Tiefe ist es möglich, auch größere Pflanzen in Gruppen zusammenzustellen. Allerdings müssen die Räumlichkeiten den Ansprüchen der Pflanzen entsprechen und auch mit den persönlichen ästhetischen Empfindungen in Einklang gebracht werden. Bedingt durch die geringe Luftfeuchtigkeit sind für das offene Blumenfenster Bromelien mit derben, ledrigen Blättern sowie starker Bestachelung des Blattrandes geeignet wie Aechméa bracteáta, A. chantínii, A. nudicaúlis, A. trianguláris sowie Neoregélia concéntrica, N. marmoráta, N. eleutheropétula, N. péndula und Billbérgia sanderána, B. zebrína.

• Außerdem können noch weitere Arten und Vertreter anderer Gattungen im Blumenfenster gehalten werden, die selbst ohne Blüten nur durch ihren Habitus und ihre interessante Blattzeichnung und Blattfärbung sehr dekorativ wirken. Es sind dies Acanthóstachys strobilácea, Aechméa coeléstis, A. fasciáta, A. orlandiána, A. pineliána, Ánanas comósus var. variegátus, Bromélia vittáta, Guzmánia lindénii, Neoregélia marmoráta, N. spectábilis, Nidulárium innocéntii, Quesnélia marmoráta und Vríesea fenestrális. Hinzu kommt noch eine Vielzahl atmosphärischer grauer Tillandsien, die durch ihren zierlichen Wuchs einen Kontrast zu den anderen Pflanzen darstellen.

Dagegen benötigen grüne, besonders dunkelgrüne Bromelien mit relativ weichen breiten Blättern und einem überwiegend glatten Blattrand

Pflanzenvitrine

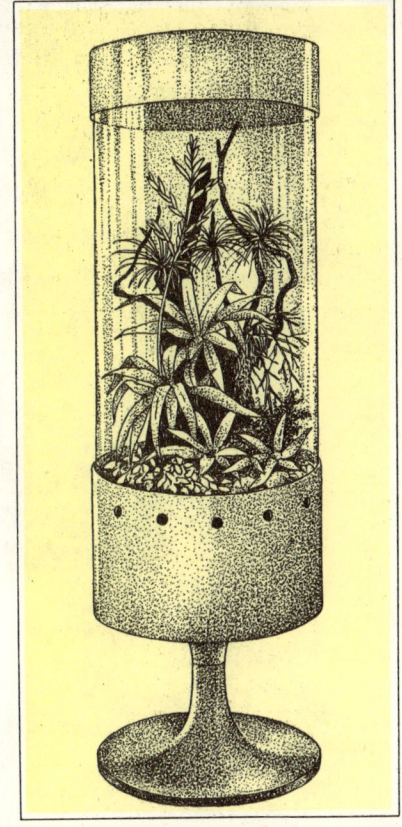

sowie einer geringen Schuppenausbildung als Regenwaldpflanzen eine hohe relative Luftfeuchtigkeit bis zu 90 Prozent. Sie eignen sich daher sehr gut für ein geschlossenes Blumenfenster oder für eine Pflanzenvitrine. Diese Gruppe stellt an die Luftbewegung und an die Lichtintensität nicht allzu hohe Ansprüche, so daß sie an einem Ost-, West- oder hellem Nordfenster gedeihen kann. Es handelt sich hierbei um Vertreter der Gattungen GUZMÁNIA, NEOREGÉLIA, NIDULÁRIUM, VRIÉSEA und der feuchtigkeitsliebenden grünen Tillandsien wie T. CYÁNEA, T. LINDÉNII, T. MULTICAÚLIS, T. TRÍCOLOR und T. VALENZUELÁNA.

Die *Pflanzenvitrine* hat den Vorteil, daß sie beweglich ist und im Wohn- und Arbeitsbereich an jedem beliebigen Platz aufgestellt werden kann. Dabei muß nicht unbedingt auf das Tageslicht Rücksicht genommen werden, weil durch Einbau einer entsprechenden Zusatzbeleuchtung optimale Lichtverhältnisse geschaffen werden können. Da es sich um einen in sich abgeschlossenen Raum handelt, der wenig von den äußeren klimatischen Bedingungen beeinflußt werden kann, empfiehlt es sich, ein Bodenheizkabel in eine mit Kies gefüllte etwa 15 cm hohe Bodenwanne zu verlegen. Für kühlere Räume ist unbedingt noch eine Luftbeheizung vorzusehen. Beide Heizungen können mit je einem elektronischen Temperaturregler mit eingebauter Fotozelle für die Nacht-

Beheizte Pflanzenwanne mit eingesenkten Bromelien

absenkung genau gesteuert werden. Die Beleuchtung besteht aus Leuchtstoffröhren, die wassergeschützt verlegt werden müssen und über eine Zeitschaltuhr gesteuert werden können. Durch einen Deckenraster wird die Strahlung des Lichtes so geleitet, daß es den Betrachter nicht stört. Die Luft kann mit Hilfe eines elektrisch betriebenen Zerstäubers, der über ein Schaltrelais geregelt wird, befeuchtet werden. Um den für die Bromelien lebenserhaltenden Taufall zu simulieren, ist es angebracht, über eine Zeitschaltuhr in den Morgenstunden für etwa eine halbe Stunde den Luftbefeuchter durchgehend einzusetzen, um so eine gute Befeuchtung der Pflanzen zu erreichen. Durch Einbau eines Ventilators kann das Beschlagen der Scheiben verhindert werden. Für eine ausreichende Belüftung sind an der Vorder- und Rückseite der Vitrine jeweils unten und oben über die ganze Breite Schiebebelüftungen einzubauen.

Soll in der Pflanzenvitrine ein Epiphytenstamm gestaltet werden, so muß man auf eine ausreichende Höhe achten. Vielen Bromelien bietet ein Epiphytenstamm den natürlichen Lebensbedingungen nahekommende Verhältnisse. Für die Aufnahme des Epiphytenstammes mit den Pflanzen ist eine wasserdichte Pflanzenwanne erforderlich. Die Höhe der Wanne richtet sich nach der Höhe der Anlage, sollte aber nicht unter 20 cm liegen.

Damit keine Stauwässer entstehen, sollte zum Ablassen des überflüssigen Gießwassers ein Ablaufhahn angebracht werden. Das erleichtert auch die Reinigung.

Je nach Verwendungszweck wird die Wanne mit unterschiedlichem Substrat gefüllt. Ist eine Topfkultur vorgesehen, so werden die Töpfe in Torf, Kies oder Polystyrolflocken eingesenkt. Sollen die Bromelien und ihre Begleitpflanzen direkt in die Wanne ausgepflanzt werden, so ist ein lockeres, luftdurchlässiges Substrat nötig, und als Dränageschicht wird eine etwa 5 cm starke Kiesschicht auf den Boden der Wanne gebracht. Als bodenbedeckende Pflanzen eignen sich CRYPTÁNTHUS-Arten. Sie bringen durch ihre vielfältige Färbung und die bizarre Blattzeichnung farbliche Abwechslung in die Pflanzung. Den natürlichen Lebensbedingungen entsprechend sind CRYPTÁNTHUS-Arten zum Teil sonnenempfindlich, wärmeliebend und benötigen ein nährstoffreiches Substrat. Das Sortiment an reinen Arten wird heute durch eine Vielzahl von Hybriden ergänzt, die weitaus farbenprächtiger sind als die Stammeltern. Geeignet sind: CRYPTÁNTHUS BEÚCKERI, C. BIVITTÁTUS var. ATROPURPÚREUS, C. BROMELIOÍDES var. TRÍCOLOR, C. FOSTERÁNUS und C. ZONÁTUS.

Neben Ananasgewächsen eignen sich zur Unter- oder Zwischenpflanzung sehr gut ASPLÉNIUM NÍDUS, FÍ-

CUS PÚMILA, F. SAGITTÁTA 'Variegata', FITTÓNIA GIGANTÉA, F. VERSCHAFFÉLTII, HYPOÉSTES PHYLLOSTÁCHYA, MARÁNTA LEUCONEURA, PELLIÓNIA RÉPENS 'Argentea', PEPERÓMIA BÍCOLOR, P. GRISEOARGÉNTEA, P. MACULÓSA, P. OBTUSIFÓLIA, P. SÉRPENS, PHILODÉNDRON SCÁNDENS SSP. SCÁNDENS, PÍLEA CADIÉREI, P. CRASSIFÓLIA, P. MICROPHÝLLA, P. RÉPENS, TRADESCÁNTIA ALBIFLÓRA, T. BLOSSFELDIÁNA, T. FLUMINÉNSIS, ZEBRÍNA PÉNDULA, Z. PURPÚSII.

Der englische Arzt Dr. Nathaniel Ward stieß 1830 durch Zufall auf die Möglichkeit, Pflanzen in Glasgefäßen zu kultivieren. Er wollte in einem mit etwas Erde gefüllten Glasbehälter die Entwicklung einer Schmetterlingspuppe beobachten. Um zu verhindern, daß der zu erwartende Schmetterling entfliegt, wurde der Behälter verschlossen. Dabei stellte er nach einiger Zeit fest, daß sich ein kleiner Farn und einige Gräser entwickelten, die auch in den nachfolgenden Jahren ohne jeglichen Luftaustausch und ohne Wasserzuführung prächtig gediehen. Aus dieser Beobachtung entstanden die »Wardschen Kästen«, mit deren Hilfe Pflanzen auf dem Seeweg verlustfrei transportiert wurden. Diese Kästen konnten belüftet und schattiert werden. Sie sind der Ausgangspunkt für die vielfältigen Formen von Glasbehältern für Pflanzen, auch der *Flaschengärten*. Durch weitere Experimente erbrachte Ward den Beweis, daß sich Pflanzen über längere Zeit hinweg in abgeschlossenen Glasbehältern halten können. Die Pflanzen nehmen aus der Luft sowohl Sauerstoff als auch Kohlendioxid auf. Es handelt sich hierbei um zwei entgegengesetzte Vorgänge: Bei der ständig stattfindenden Atmung verbraucht die Pflanze nachts Sauerstoff und gibt Kohlendioxid ab; bei der unter Tageslichtbedingungen stattfindenden Photosynthese wird hingegen Kohlendioxid aufgenommen und Sauerstoff frei. Dieser Kreislauf bewirkt, daß Pflanzen im geschlossenen Gefäß nicht nur am Leben erhalten werden, sondern daß sie auch produzieren. Die kontinuierliche Wasserzuführung ist ebenfalls gewährleistet, weil das aus dem Boden aufsteigende und das von den Blättern durch Transpiration an die Luft abgegebene Wasser an den Glaswänden kondensiert und auf den Boden zurücktropft. Somit ist die Luft durch diesen Kreislauf nahezu mit Wasserdampf gesättigt. Durch die Zersetzung abgestorbener Pflanzenteile wird außerdem eine geringe Düngung erreicht. Ein Nachteil der Pflanzenhaltung in geschlossenen Flaschengärten ist, daß die Glasflächen mehr oder weniger stark beschlagen, was das Betrachten der Pflanzen beeinträchtigt.

Vor der Verwendung ist das Gefäß gründlich zu säubern. Auf den Gefäßboden kommt je nach Größe des Ge-

Flaschengärten

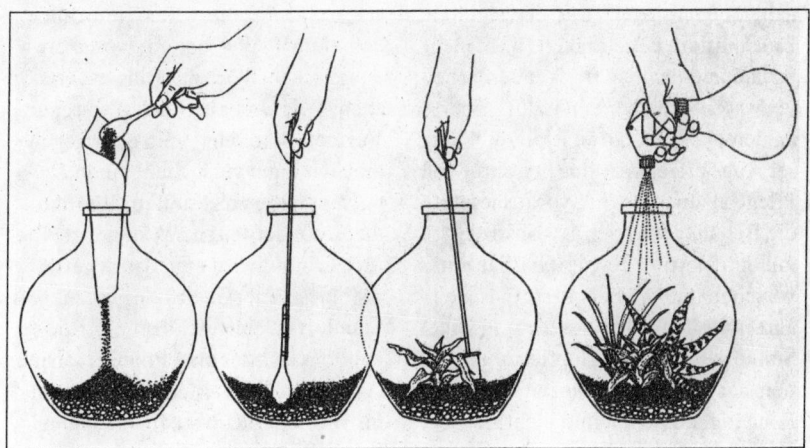

Anlegen eines Flaschengartens

fäßes eine 1 bis 5 cm starke Dränageschicht aus Blähton oder Kies, unter die man zur Desinfektion nicht zu große Holzkohlenstücke mischen kann. Anschließend wird eine etwa 8 bis 10 cm starke Erdschicht aufgebracht. Am günstigsten ist ein Torfsubstrat. Zum Einfüllen des Substrats in Gefäße mit dünnem Hals eignet sich am besten ein zum Trichter zusammengerolltes Stück Papier, durch welches das zuvor leicht angefeuchtete Substrat in den Behälter gleitet.

Die weiteren Arbeitsgänge erleichtern geeignete Pflanzwerkzeuge: Eine Schlinge aus Draht zum Einsetzen der Pflanzen und ein Draht mit einem kleinen Haken zum Andrücken. Beides läßt sich mühelos selbst herstellen. Anstelle von Draht haben sich auch an einem Holzstab befestigte Kuchengabeln oder Kaffeelöffel bewährt. Nach leichtem Andrücken des Substrats erfolgt die Pflanzung. Die Pflanzen werden fest in Papier eingerollt und durch den Flaschenhals geschoben. Mit etwas Geschicklichkeit und mit Hilfe der kleinen Werkzeuge werden sie an ihren endgültigen Platz gebracht. Zur Auflockerung lassen sich auch Wurzeln oder Aststücke mit einbauen.

Ist der Flaschengarten bepflanzt und gestaltet, so wird das Substrat sehr vorsichtig leicht befeuchtet, am besten mit einem dünnen Schlauch oder einer Kakteengießkanne. Danach wird das Gefäß bis zum Anwachsen der Pflanzen offen gehalten, damit die überflüssige Feuchtigkeit verdunsten kann. Das Gefäß wird geschlossen, sobald das Substrat den erforderlichen Feuchtigkeitsgrad erreicht hat. Eine mittlere Feuchtigkeit, d. h. nicht zu naß und nicht zu trocken, entscheidet wesentlich über den Erfolg. Schön an den Flaschengärten ist, daß sie unser Auge erfreuen, ohne uns dafür viel Pflege abzuverlangen, vorausgesetzt, die Behälter sind richtig konstruiert, mit den hierfür geeigneten Pflanzen versehen und gut belichtet. Flaschengärten wollen hell, aber nicht in voller Sonne stehen. Zum Bepflanzen eignen sich vor allem Pflanzen, die Feuchtigkeit lieben und nicht zu schnell wachsen. Von den Ananasgewächsen haben sich besonders die grünen Tillandsien und die kleinbleibenden CRYPTÁNTHUS-Arten und -Sorten bewährt. Als Begleitpflanzen passen dazu als Bodenbedecker u. a. CALLÍSIA ÉLEGANS, FÍCUS PÚMILA, FITTÓNIA VERSCHAFFÉLTII 'Minima', PELLIÓNIA RÉPENS, PEPERÓMIA NIVÁLIS, SELAGINÉLLA KRAUSSIÁNA, S. UNCINÁTA, SOLEIRÓLIA SOLEIRÓLII.

Weiterhin sind höhere, nicht zu schnell wachsende Pflanzen geeignet wie APHELÁNDRA MACULÁTA, BELOPÉRONE GUTTÁTA, CHAMERÁNTHEMUM GAUDICHAÚDII, HEMÍGRAPHIS REPÁNDA, PEPERÓMIA ARGYREÍA, PÍLEA CRASSIFÓLIA, P. INVOLUCRÁTA 'Norfolk' und verschiedene RHÍPSALIS-Arten. Die hier angeführten Pflanzen sind für geschlossene Gefäße in beheizten Wohnräumen geeignet.

Bei der Kultur unserer Ananasgewächse werden zum Teil epiphytisch wachsende Pflanzen der Einfachheit halber im Topf gehalten, wo sie etwa die gleichen Wuchsleistungen erreichen. Wer aber ein Stück tropischer Vegetation in sein Heim übertragen möchte, kann versuchen, einen *Epiphytenstamm* zu gestalten. Werden die Besonderheiten des Standortes berücksichtigt, wird man damit gewiß Erfolg haben. Am besten geeignet als Standort ist ein geschlossenes Blumenfenster oder eine Pflanzenvitrine. Aber auch ein freistehender Stamm im Topf oder Kübel kann an einem hellen Platz in der Diele oder im Zimmer gehalten werden. Wo auch immer ein solcher Ephiphytenstamm aufgestellt wird, stets ist er ein gestalterisches Element, das raumgliedernd wirken kann, aber auch einen Akzent setzt, der mit der übrigen Einrichtung harmonieren möchte.

Als Substrat dient nach Möglichkeit eine Holzart, die mehrere Jahre hindurch haltbar ist und von der sie ständig umgebenden Feuchtigkeit nicht so schnell angegriffen wird. Bewährt hat sich das Holz der Robinie: Es ist sehr dauerhaft, besitzt eine dekorative Rinde und zudem sind die Äste alter Bäume oft bizarr geformt. Bei der Auswahl ist besonders darauf zu achten, daß genügend Astgabeln vorhanden sind, in welche die Epiphyten gesetzt werden. Für kleinere Arrangements sind auch sehr dauerhafte knorrige Rebstöcke geeignet. Die Befestigung des Stammes bzw. des Astes hängt von den jeweiligen Gegebenheiten und vom Eigengewicht ab. Dabei ist zu berücksichtigen, daß wassergefüllte Trichterbromelien ein erhebliches Gewicht aufweisen können.

Sehr zweckmäßig sind bewegliche Epiphytenstämme, die senkrecht in einen Topf oder Kübel gestellt werden, der mit einem schnellbindenden Zement ausgegossen wird. Die Zementschicht sollte nur bis etwa 10 cm unter den Gefäßrand reichen. Über die Zementschicht wird Moos, Torf oder Erde gefüllt als Substrat für eine Unterpflanzung. Anstelle von Zement kann auch eine Holzplatte in der Größe des Gefäßbodens an das untere Ende des Stammes geschraubt werden. Er wird dann in ein Gefäß gestellt, das etwa bis zur Hälfte mit Kies oder Steinen gefüllt wird. Darauf wird die für die Bepflanzung benötigte Erdschicht gebracht.

Die zum Aufbinden vorgesehenen Epiphyten werden ausgetopft und die dem Wurzelballen anhaftende Erde bzw. das verrottete Substrat gut abgeschüttelt. Zum Umhüllen der Wurzeln sind Sphagnum, zerkleinerte Farnwurzeln (OSMÚNDA) oder Palmfasern geeignet. Die Pflanzen werden anschließend mit dünnem Kupferdraht oder mit schmalen Kunstfaserbändern am Stamm festgebunden.

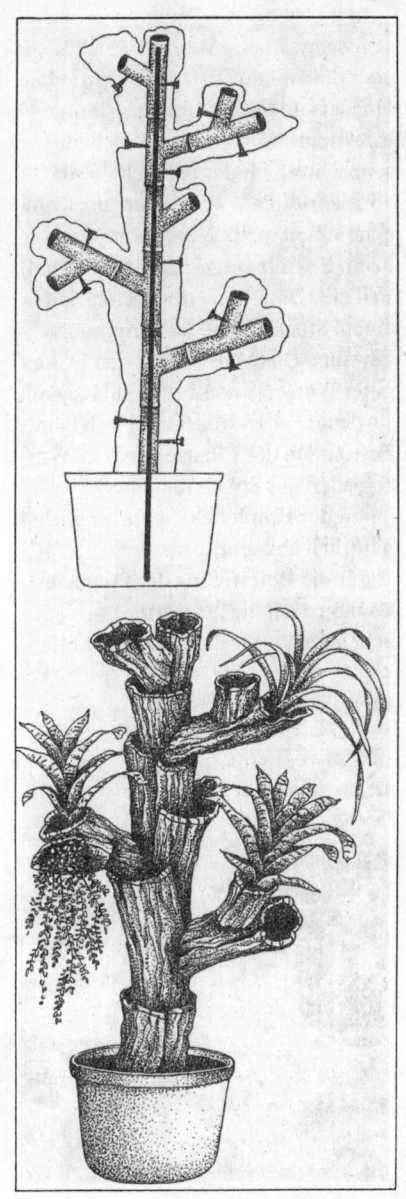

Selbstgebauter Epiphytenstamm: Bauschema (oben), Gestaltungsvorschlag (unten)

In frischem Sphagnum bilden sich sehr schnell neue Wurzeln. Es besteht aber die Gefahr, daß das Substrat bei Unachtsamkeit austrocknet. Ausgetrocknetes Sphagnum läßt sich nur sehr schwer wieder befeuchten, da aufgesprühtes Wasser kaum noch aufgenommen wird. Werden die Wurzeln in ein Erdsubstrat eingebettet, so hat sich die Umhüllung des Ballens mit einem Stück Kunstfaserstrumpf gut bewährt. Das Material hat den Vorteil guter Wasser- und Luftdurchlässigkeit sowie langer Haltbarkeit. Nach dem Festbinden der Pflanze wird der Wurzelballen mit Sphagnum umkleidet, damit der Epiphytenstamm möglichst natürlich aussieht.

Für die Befestigung der Pflanzen können auch die lederartig-faserigen Scheiden älterer Palmenblätter taschenartig am Epiphytenstamm angenagelt und die Pflanzen mit etwas Substrat dort hineingepflanzt werden. Geeignet sind außerdem dicke Bambusstangen, die oberhalb des Knotens in 8 cm lange Stücke gesägt und dann halbiert werden. Diese Teilstücke werden am Stamm befestigt und die Bromelien hineingepflanzt. Die geschaffenen Hohlräume müssen in jedem Fall so groß sein, daß die Pflanzen mit Ballen darin ausreichenden Platz erhalten. Die Ballen dürfen nicht fest zusammengedrückt werden, weil die empfindlichen Wurzeln dabei beschädigt werden könnten.

Um die Pflege zu erleichtern, sollte man beim Anbinden der Pflanzen alle breitwachsenden und vor allem die dunkelgrünen, weichblättrigen Arten am unteren Teil des Stammes anord-

Bromelienkultur auf Borke

nen. Die mehr oder weniger aufrecht wachsenden schlanken Pflanzen werden im mittleren Teil, die kleineren, überwiegend hellgrauen Arten dagegen am oberen Teil und an den Astenden untergebracht. Diese Pflanzenanordnung entspricht den natürlichen Licht- und Wasseransprüchen.
Im tropischen Regen- und Nebelwald wachsen Ananasgewächse mit anderen epiphytischen Pflanzen zusammen. Den natürlichen Gegebenheiten entsprechend ist es auch unter den Bedingungen in der Wohnung durchaus möglich, Vertreter anderer Pflanzenfamilien in die Gestaltung mit einzubeziehen. Die epiphytisch wachsenden Orchideen mit ihrer Blütenpracht können dem Stamm ein besonderes Gepräge verleihen. Geeignet sind CATTLEYA AURANTÍACA, C. BOWRINGIÁNA, C. FORBÉSII, ONCÍDIUM FORBÉSII. Zur Auflockerung der steifen Wuchsformen einiger Ananasgewächse eignen sich auch epiphytische Kakteen, wie die Peitschenkakteen (RHÍPSALIS CASSÚTHA, R. RHÓMBEA, R. PACHÝPTERA, R. HOÚLLETIÁNA u. a.) mit ihren lang herabhängenden Trieben sehr gut. Bei ausreichender Luftfeuchtigkeit sind auch einige Arten des Geweihfarnes wie PLATYCÉRIUM WALLÍCHII zu empfehlen.
Zur Begrünung des Stammes gibt es eine Vielzahl von Pflanzen, die aber

Befestigungsmöglichkeiten am Epiphytenstamm

keinesfalls in Konkurrenz zu den Epiphyten stehen dürfen. Besonders geeignet sind: ANTHÚRIUM RADÍCANS, A. SCÁNDENS, BEGÓNIA CONVOLVULÁCEA, COLÚMNEA MICROPHÝLLA, EPIPRÉMNUM PINNÁTUM 'Erich Gedalius', EPÍSCIA CUPREÁTA 'Metallica', FÍCUS PÚMILA, F. SAGITTÁTA 'Variegata', PEPERÓMIA SÉRPENS 'Variegata', PHILODÉNDRON LACINIÁTUM, PH. VERRUCÓSUM, PÍPER NÍGRUM, P. ORNÁTUM, P. PORPHYROPHÝLLUM, SCINDÁPSUS PÍCTUS 'Argyraeus', SELAGINÉLLA WILLDENÓWII, STEPHANÓTIS FLORIBÚNDA, SYNGÓNIUM AURÍTUM, S. PODOPHÝLLUM 'Green Gold' sowie VANÍLLA PLANIFÓLIA.

Die weiteren Pflegemaßnahmen sind darauf auszurichten, daß die Bromelien und ihre Begleitpflanzen eine ausreichende Luftfeuchtigkeit erhalten. Vor allem während der Sommermonate, aber auch im Winter in stark beheizten Räumen muß während der Morgenstunden unbedingt öfter besprüht werden. Bei niedrigen Nachttemperaturen würde das Besprühen während der Abendstunden zum Faulen der Pflanzen führen. Besonders TILLÁNDSIA USNEOÍDES ist in dieser Hinsicht sehr empfindlich.

Es ist darauf zu achten, daß bei den Trichterbromelien die Zisternen stets mit Wasser gefüllt sind. Während der Hauptwachstumszeit ist dem geringen Nährstoffanspruch entsprechend eine schwache Volldüngerlösung als Blattund als Bodenapplikation zu verabreichen. Organische Düngung in Form von in reichlich Wasser aufgelöstem Hühner- oder Taubendung oder von Rapsstroh ist wegen der Geruchsbelästigung für Heimpflanzen nicht zu empfehlen. Soll dennoch nicht darauf verzichtet werden, muß dieser Dünger gut vergoren sein.

7. Erdeloser Pflanzenbau

Daß Pflanzen auch ohne festes Erdsubstrat in Bodenlösungen unterschiedlicher Konzentration wachsen, wurde schon 1699 von Woodward beobachtet. Der Beginn der Entwicklung des erdelosen Pflanzenbaus liegt im 19. Jahrhundert. Die ersten exakten Versuche führte der Chemiker Jean Boussingault durch, der als Begründer der modernen Methoden von Vegetationsversuchen gilt. Bei seinen vor 1840 durchgeführten Experimenten verwendete er sogenannte »künstliche Böden«, wie Sand und Quarz, denen er nährstoffhaltige Lösungen zusetzte. Dies war die erste Demonstration des Pflanzenbaus in einem anderen Medium.

Auch Justus von Liebig beschäftigte sich mit diesen Problemen. Er zog verschiedene Pflanzen in unterschiedlichen Nährlösungen heran, ohne allerdings die Ergebnisse in die Praxis umzusetzen. Diese Untersuchungen wurden von Julius Sachs um 1860 fortgesetzt. Das von ihm entwickelte Kulturverfahren mit verschiedenen Nährlösungen ist für Versuche auch heute noch üblich.

1924 führte W. F. Gericke die Wasserkultur in den Gemüsebau ein. Die Anwendung derartiger Verfahren im Zierpflanzenbau ist dagegen ein relativ junger Zweig des Pflanzenbaus, der sich noch weiter entwickeln wird. Für den Hobbygärtner sind zwei Verfahren von besonderem Interesse: die *Hydroponik* (Wasserkultur), bei der der Boden durch eine Nährlösung und durch technische Vorrichtungen ersetzt wird, und die *Hydrokultur* (Kieskultur), bei der das den Boden ersetzende Substrat aus keimfreien Materialien wie Blähton, Kies, Quarzkies, PVC-Borsten oder Polystyrolflocken besteht und die Nährlösung zugesetzt wird (s. Tabelle 3). Der wesentliche Vorteil der erdelosen Pflanzenkultur besteht darin, daß den Pflanzen ein größerer Wasservorrat zur Verfügung steht und Gießfehler vermieden werden. Die Pflanzen können einige Zeit stehen, ohne daß ihnen Wasser zugeführt wird, was besonders bei längerer Abwesenheit vorteilhaft ist. Die Stoffwechselprozesse sind dieselben wie bei der Erdkultur, denn die Pflanzen brauchen zu ihrem Aufbau im wesentlichen die gleichen Nährstoffe. Lediglich das Substrat und die technischen Hilfsmittel unterscheiden sich.

Die meisten vom Handel angebotenen *Hydrotöpfe* sind für die Bromelienkultur geeignet. Der überwiegende Teil dieser Gefäße besteht aus einem Übertopf und einem Einsatz. Beim Erwerb des Topfes ist darauf zu achten, daß er wasserdicht ist, nach Möglichkeit ein Wasserstands-Anzeige-Röhrchen besitzt und das Material widerstandsfähig gegen chemische Einflüsse ist. Unter Berücksichtigung dieser Kriterien kann auch jedes wasserdichte Gefäß, allerdings wegen der Algenbildung nicht aus durchsichtigem Glas, verwendet werden. Als Einsatz dient ein Gittertopf.

Das für die Hydrokultur verwendete *Substrat* darf weder Erde noch sonstige leicht zerfallende Bestandteile enthalten. Es muß locker und porös sein und frei von Krankheitserregern. Kies in einer Körnung von 2 bis 7 mm eignet sich am besten für Bromelien. Blähton kommt wegen seiner unterschiedlichen Qualität nur bei genauer Materialkenntnis in Frage, da häufig kalkhaltige Tone verwendet werden, die für Bromelien nicht geeignet sind.

Das Substrat wird vor der Verwendung gründlich unter fließendem Wasser gereinigt und anschließend durch Erhitzen keimfrei gemacht. Um eine größere Salzanreicherung zu vermeiden, die zu Wurzelschäden führen kann, ist das Substrat ein- bis zweimal im Jahr mit Wasser durchzuspülen. Größere Pflanzen werden statt dessen etwa 30 Minuten in eine Schüssel gestellt, die bis zum Wurzelhals mit Wasser gefüllt ist. Die vom Handel angebotenen Hydrokulturdünger enthalten alle notwendigen Nährstoffe in geeigneter Zusammensetzung und leicht aufnehmbarer Form. Entscheidende Faktoren für die *Nährlösung* sind die Qualität des Wassers, die Konzentration der Nährstoffe sowie deren Verhältnis zueinander. Zu empfehlen sind kalibetonte Dünger, denn Bromelien sind in der Mehrzahl kaliumbedürftig. Bewährt hat sich folgende von der Kakteenkultur bekannte Nährsalzzusammensetzung: 6 Prozent Stickstoff, 16 Prozent Phosphorsäure, 38 Prozent Kalium. Bei der Nachdüngung ist auf den Phosphorgehalt der Nährlösung zu achten.

Häufig kommt es bei einem pH-Wert über 6 zur Festlegung von Eisen. Daher müssen auch bei Verwendung von Volldüngern Eisenpräpate berücksichtigt werden, die in einer Konzentration von 0,01 bis 0,05 Prozent der Nährlösung zugesetzt werden. Zur Vermeidung von Sauerstoffmangel sollte bei terrestrischen Bromelien mit ausgeprägtem Wurzelsystem die Füllhöhe der Nährlösung nur etwa ein Drittel des Gefäßinhaltes betragen, damit keine Fäulnis eintritt. Bei Epiphyten richtet sich die Füllung nach der Wurzelentwicklung. Nur etwa ein Viertel der Wurzelmasse sollte in die Nährlösung ragen. Die Nährlösung, die dem Substrat zugesetzt wird, entscheidet im wesentlichen über den Kulturerfolg.

Für die Hydrokultur verwendet

man zur *Anzucht* möglichst Kindel, die in reinem Wasser zur Bewurzelung gekommen sind. Bis zur Wurzelausbildung können diese Jungpflanzen über die Blätter bzw. über die Trichter ernährt werden, was sich besonders bei AECHMÉA FASCIÁTA, ÁNANAS COMÓSUS und GUZMÁNIA MÍNOR von Vorteil für die weitere Pflanzenentwicklung erwies. Haben die Pflanzen ausreichend Wurzeln gebildet, werden sie in ein Hydrokulturgefäß gepflanzt.

Praktische Erfahrungen zeigen, daß es ohne weiteres möglich ist, Pflanzen aus der Erdkultur in die Hydrokultur umzusetzen. Dabei muß man allerdings in Betracht ziehen, daß jede Kulturumstellung mit größeren Wurzelverlusten verbunden ist. Deshalb sind Jungpflanzen besser geeignet als ältere Pflanzen, bei denen schwere Wachstumsstörungen auftreten können.

Bei den aus der Erdkultur entnommenen Pflanzen wird zunächst der Ballen unter fließendem lauwarmem Wasser vorsichtig ausgewaschen. Es dürfen keine Erdreste mehr am Wurzelgeflecht vorhanden sein, denn sie können Fäulnis verursachen und dadurch zum Absterben der Pflanze führen. Vor dem Einsetzen in das Gefäß sind alle beschädigten und abgestorbenen Wurzeln zu entfernen. Als vorbeugende Maßnahme gegen Fäulniserreger hat sich bei Bromelien ein kurzes Eintauchen der ausgewaschenen Wurzelballen in eine 0,05prozentige Hydroxychinolinsulfatlösung bewährt.

Beim Einpflanzen der Bromelien ist es wegen der geringen Wurzelbildung schwierig, eine ausreichende Standfestigkeit zu erreichen. Bis zur Verankerung durch neu gebildete Wurzeln ist zumindest bei größeren Exemplaren eine zusätzliche Haltevorrichtung erforderlich. Man darf die Pflanze keinesfalls zu tief in das Substrat setzen, um dadurch einen besseren Halt zu erreichen; denn zu tief gepflanzte Bromelien sind fäulnisgefährdet. Der Wurzelhals sollte sich in Höhe der Substratoberfläche befinden. Bis zum Anwachsen, das etwa nach vier Wochen erfolgt, kann eine schwache Nährlösung verwendet werden.

Die Umstellung von der Erd- auf die Hydrokultur kann ganzjährig vorgenommen werden, der günstigste Termin liegt im Frühjahr/Frühsommer.

Fehler bei der Hydrokultur, die durch eine unsachgemäße Nährstoffversorgung entstehen, zeigen sich unmittelbar an der Pflanze. Ein zu hoher Nährlösungsstand führt ebenso wie ein zu häufiges Befeuchten des Substrats zur Wurzelfäule und zum späteren Pilzbefall. Deshalb dürfen Wasser und Nährlösung nicht durch das Substrat nachgefüllt werden, damit die Kontrolle des Nährlösungsstands gewährleistet ist. Der Härtegrad des Wassers und der pH-Wert des Wassers sind entscheidend für die gute

Pflanzenentwicklung. Steht sauberes Regenwasser nicht zur Verfügung, so sollte abgekochtes oder destilliertes Wasser verwendet werden. Ein altbewährtes Mittel zur Wasserenthärtung ist die Verwendung von saurem Hochmoortorf. Ein mit Torf gefüllter Stoffbeutel wird in einen mit Wasser gefüllten Behälter gehängt, um so den Kalkgehalt des Wassers zu reduzieren. Durch Zusatz von Oxal- oder Schwefelsäure können Härtegrad und pH-Wert des Wassers ebenfalls reguliert werden. Aber Vorsicht beim Umgang mit Säuren!

Bromelien bevorzugen in der Hydrokultur ein schwachsaures Medium in einem pH-Bereich zwischen 4 und 6. Das uns zur Verfügung stehende Leitungswasser hat in der Regel einen pH-Wert um 7 und ist somit für die Bromelienkultur wenig geeignet. Durch Abkochen des Wassers in einem nicht abgedeckten Gefäß läßt sich der pH-Wert von 7 auf 6 senken. Wurzelausscheidungen verändern nicht nur den pH-Wert, sondern auch die Nährlösung in ihrer Zusammensetzung. Wasser- und Nährstoffverbrauch der Pflanze sind unterschiedlich. Der Wasserverbrauch hängt ab von Raumtemperatur, Luftfeuchte und Pflanzengröße, während die Nährstoffe im Verlaufe des Wachstums langsamer verbraucht werden. Infolge der Wasserverluste steigert sich die Konzentration der Nährlösung. Um die erforderliche Konzentration und die Füllhöhe aufrecht zu erhalten, muß in regelmäßigen Zeitabständen Wasser nachgefüllt werden. In Abständen von 4 bis 6 Wochen sollte die Nährlösung gewechselt werden. Die gleichmäßige Wasserversorgung und die optimale Ernährung bewirken, daß bei Pflanzen in Hydrokultur selten Krankheiten oder Schädlinge auftreten. Bei einer unregelmäßigen Wasserzufuhr und einer nicht optimal auf die Pflanze abgestimmten Zusammensetzung der Nährlösung kann es aber auch hier zu Krankheits- und Schädlingsbefall kommen wie in der Erdkultur.

Eine der häufigsten *Ursachen für Mißerfolge* bei der Hydrokultur ist die Nährlösungstemperatur. Diese sollte bei Bromelien zwischen 20 und 25 °C liegen. Temperaturen um 15 °C führen zu Pflanzenschäden. Sie fördern die Nitritanreicherung, die eine hochgradige Toxizität hervorruft und bis zum Absterben der Pflanzen führen kann. Werden Bromelien ohne Blattdüngung in Hydrokultur kultiviert, so entwickeln sie im Blatt ein stärkeres Wassergewebe, außerdem werden je Blatteinheit weniger Leitbündel und mehr Saugschuppen ausgebildet. Besonders geeignet für die Hydrokultur sind: AECHMÉA FASCIÁTA, ÁNANAS COMÓSUS, GUZMÁNIA LINGULÁTA, G. MÍNOR sowie GUZMÁNIA-Hybriden, NEOREGÉLIA CAROLÍNAE, NIDULÁRIUM INNOCÉNTII (salzempfindlich), BILLBÉRGIA NÚTANS, VRÍESEA SPLÉNDENS.

8. Zur Abgrenzung und Benennung der Ananasgewächse

Mit 46 Gattungen und etwa 2000 Arten ist die Familie der Ananasgewächse so umfangreich, daß Pflanzen mit grundlegenden gemeinsamen Merkmalen der besseren Übersicht wegen zu Gruppen zusammengefaßt wurden. Heute werden die Bromelien in drei Unterfamilien gegliedert. Dieser Aufteilung werden vor allem Blüten-, Frucht- und Samenmerkmale zugrunde gelegt; denn es hat sich erwiesen, daß diese Merkmale auch unter veränderten Standortbedingungen konstant sind. Außerdem werden vegetative Merkmale zur Charakterisierung der Unterfamilien mit herangezogen; sie sind aber nicht so aussagekräftig.

Unterfamilie PITCAIRNIOÍDEAE

Die in dieser Unterfamilie zusammengefaßten 13 Gattungen zeichnen sich durch große, auffällige Blüten mit oberständigem oder halboberständigem Fruchtknoten aus, die sich zu Kapseln entwickeln. Ihre Samen sind geflügelt oder mit federartigen Anhängseln versehen. Es sind zumeist Bodenpflanzen mit ganzrandigen oder am Rand bestachelten Blättern.

Die namengebende Gattung dieser Unterfamilie, PITCAÍRNIA L'Hérit., umfaßt heute etwa 200 Arten. Sie wurde 1788 von dem französischen Juristen und Botaniker Charles Louis L'Héritier de Brutelle (1746 bis 1800) beschrieben und nach dem Londoner Arzt Pitcairn benannt. Einige Arten dieser Gattung werden gelegentlich als Zierpflanzen kultiviert.

Hierher gehören außerdem die Gattungen PÚYA, von der die Charakterpflanze der Hochanden Perus, PÚYA RAIMÓNDII, bereits erwähnt wurde, sowie HÉCHTIA und DÝCKIA, die gelegentlich zusammen mit Kakteen kultiviert werden.

Unterfamilie TILLANDSIOÍDEAE

Zu dieser Unterfamilie werden 6 Gattungen mit zumeist kleinen, aber auch ansehnlichen Blüten gestellt, aus deren oberständigen Fruchtknoten sich Kapseln entwickeln. Die Samen besitzen eine fallschirmartige Haarkrone, die aus der Samenhaut hervorgeht. Es sind überwiegend Epiphyten, nur selten Bodenpflanzen, mit ganzrandigen, in der Regel dicht mit Schuppenhaaren besetzten Blättern.

Die namengebende Gattung TILLÁNDSIA L. ist mit mehr als 400 Arten im gesamten tropischen und subtropischen Amerika von den Südstaaten der USA bis nach Chile und Argentinien verbreitet. Sie ist die artenreichste Gattung dieser Unterfamilie und enthält ebenso wie die ihr nahestehenden Gattungen GUZMÁNIA und VRIÉSEA so viele Zierpflanzen, daß diese Gattungen in der Zusammenstellung der für unsere Wohnbereiche besonders geeigneten Pflanzen einen breiten Raum einnehmen.

Unterfamilie BROMELIOÍDEAE

Diese Unterfamilie besitzt im Gegensatz zu den beiden voranstehenden einen unterständigen Fruchtknoten, der sich zu einer Beere entwickelt und Samen ohne Anhängsel wie Flügel oder Haarkrone enthält. Zu den 27 Gattungen dieser Unterfamilie gehören viele Zierpflanzen sowie die wichtigste Nutzpflanze der gesamten Familie, die Ananas. Sie umfassen Bodenpflanzen und Epiphyten, deren Blätter bei den meisten Arten am Rande bestachelt sind. Ihr gehören viele Zierpflanzen an, wie Aechmeen, Billbergien und Neoregelien.

Die Geschichte der Gattung BROMÉLIA L., von der auch der Name der Familie abgeleitet wurde, zeigt uns, wie sich die Zuordnung einer Pflanzenart zu größeren, eine Reihe von Arten umfassenden Gruppierungen, wie Gattungen, Unterfamilien und Familien, durch neue Erkenntnisse über diese Pflanzen ändern kann. Der Name der Gattung geht zurück auf den französischen Botaniker Charles Plumier (1646 bis 1704), der im Auftrag Ludwig XIV. Amerika bereiste und vor allem nordamerikanische Pflanzen beschrieb. Er wollte mit der Namensgebung den schwedischen Arzt und Botaniker Olof Bromelius (1639 bis 1705) ehren. Die von ihm angeführten Arten werden heute den Gattungen AECHMÉA und PITCAÍRNIA zugeordnet.

Der schwedische Botaniker Carl von Linné (1707 bis 1778) übernahm diesen Namen in seinem für die wissenschaftliche Benennung der Pflanzen grundlegenden Werk »Species Plantarum«, das 1753 erschien. In seiner Bearbeitung umfaßte die Gattung BROMÉLIA auch die als B. ÁNANAS L. angeführte Ananas. 1754 konnte der englische Gärtner Philipp Miller (1691 bis 1771) in seinem »The Gardener's Dictionary« aber bereits nachweisen, daß die Ananas einer eigenen, von BROMÉLIA abzugrenzenden Gattung angehört. Von den von Linné zu BROMÉLIA gestellten Arten verblieb nur die auch heute noch gelegentlich vor allem in botanischen Gärten kultivierte B. PÍNGUIN L. in dieser Gattung. Diese in ihrer Heimat wegen der etwa hühnereigroßen, zumeist zitronengelben, säuerlich schmeckenden Beeren angepflanzte Bromelienart wurde ebenso wie die Ananas schon 1690 in Europa herangezogen.

Dieses Beispiel zeigt uns, wie wichtig eine korrekte Benennung, die an neue Erkenntnisse aufgrund von international anerkannten Regeln angepaßt werden kann, für die Ordnung des Pflanzenreiches ist. Forschungsergebnisse sind nur aussagekräftig und miteinander vergleichbar, wenn sicher ist, auf welche Pflanzenart sie sich beziehen. Bei den etwa 300 000 Blütenpflanzen, die wir heute kennen, ist das nicht immer einfach, vor allem, wenn es sich zum Beispiel bei den Untersuchungen von Inhaltsstoffen um weniger bekannte Pflanzenarten handelt.

Die wissenschaftlichen Pflanzennamen, die in der hier vorliegenden Zusammenstellung im wesentlichen einer neueren Bearbeitung von Zanders »Handwörterbuch der Pflanzennamen« entsprechen, werden von lateinischen oder griechischen Begriffen abgeleitet. Das geht zurück auf die Gelehrtensprache des Mittelalters: Latein ermöglichte es damals allen an wissenschaftlichen Fragen Interessierten, sich ohne Übersetzungsprobleme miteinander zu verständigen. Auch die ersten Kräuterbücher und die für die Benennung der Pflanzen grundlegenden Werke wie Linnés »Species Plantarum«, das sich mit den Pflanzenarten befaßt, wurden in Latein geschrieben. Wenn eine neue Art beschrieben wird, so muß diese Veröffentlichung auch heute noch eine Zusammenfassung der charakteristischen Merkmale – die Diagnose – in lateinischer Sprache enthalten, wenn sie gültig sein soll. Durch die exakt definierten Bezeichnungen für die einzelnen Merkmale wird eine internationale Verständigung unter den Botanikern wesentlich erleichtert.

Carl von Linné führte für die Pflanzen eine doppelte Benennung ein, die binäre Nomenklatur. Jede Pflanze trägt heute zwei Namen: den Gattungsnamen, der sie einer größeren Gruppe mit gemeinsamen Merkmalen zuordnet, und den nur ihr gehörenden Artnamen, der auch als Epitheton bezeichnet wird. Dieser kann sich auf ein charakteristisches Merkmal, auf Angaben über die Heimat oder den Fundort der bei der Beschreibung verwendeten Pflanzenaufsammlung oder auch auf Personennamen beziehen.

Es ist üblich geworden, nur diese beiden Namen zu verwenden, wenn wissenschaftliche Pflanzennamen in umfassenderen Texten angegeben werden. Zu einer korrekten wissenschaftlichen Veröffentlichung gehört aber auch der meist abgekürzt geschriebene Name des Autors. Er weist auf den Botaniker hin, der als erster die betreffende Pflanzenart den internationalen Regeln entsprechend beschrieben hat und erleichtert es, diese

Veröffentlichung zu ermitteln. In wissenschaftlichen Bearbeitungen von Pflanzensippen wird diese Veröffentlichung im Anschluß an den Autornamen zitiert, um jede Verwechslungsmöglichkeit auszuschließen. Die Angabe der Jahreszahl allein ist für Vergleiche wenig aussagekräftig. Sie gibt uns aber einen Überblick über den Zeitraum, in dem mit der betreffenden Pflanze tatsächlich gearbeitet werden konnte.

Ein Beispiel soll verdeutlichen, wie sich die Stellung einer Pflanzenart nach ihrer Erstbeschreibung ändern kann: die bekannte und beliebte VRIESEA SPLÉNDENS. In der Spezialliteratur, z. B. in der Bearbeitung der Bromelien durch den Heidelberger Botaniker und Pflanzensammler Werner Rauh (1981) finden wir folgende Angaben:

VRIESEA SPLÉNDENS (Brongn.) Lem. 1850/51
Syn. TILLÁNDSIA SPLÉNDENS Brongn. 1845
V. SPECIOSA Hook. 1848

Daraus können wir erkennen, daß diese Pflanze 1845 von dem französischen Botaniker Charles Théodore Brongniart (1801 bis 1876) beschrieben und zu der Gattung TILLÁNDSIA gestellt wurde. Der vor allem als Kakteenspezialist bekannte belgische Gärtner Charles Antoine Lemaire erkannte um 1850, daß sie der erst 1843 von dem englischen Botaniker John Lindley beschriebenen Gattung VRIESEA zuzuordnen ist. Diese Unterschiedliche Zuordnung wird uns verständlich, wenn wir bedenken, daß sich die beiden Gattungen vor allem durch die schwer erkennbaren Schüppchen an der Innenseite der Blütenblätter unterscheiden. Es ist anzunehmen, daß Brongniart dieses Merkmal entweder nicht sah oder es in Unkenntnis der Gattungsbeschreibung von Lindley nicht werten konnte. In der Zwischenzeit hatte der englische Botaniker Sir William Jackson Hooker als Direktor des Botanischen Gartens Kew die gleiche Pflanzenart kennengelernt und sie für bisher unbekannt gehalten. Er kannte aber die von Lindley beschriebene Gattung VRIESEA bereits und gab ihr 1848 den Namen V. SPECIÓSA. Dieser Name ist gültig veröffentlicht, weil Hooker nicht wußte, daß diese Pflanze bereits beschrieben war. Er darf aber den Regeln entsprechend nur als Synonym – als Nebenname – gewertet werden, denn es gilt das jeweils älteste Epitheton der betreffenden Pflanzenart – auch wenn sie zunächst einer anderen Gattung zugeordnet wurde.

Die Zusammenhänge sind nicht bei allen Pflanzenarten so klar wie bei diesem Beispiel. Häufig werden Pflanzen noch unter alten Synonymen gehandelt, die sich in der Praxis erhalten haben. Aber ebenso wie es nicht möglich ist, eine Sammlung ohne bestimmte Festlegungen zu ordnen, kann auch das Pflanzenreich nicht ohne exakt zu befolgende Regeln auskommen. Durch die als Prioritätsregel bezeichnete Festlegung, daß der jeweils älteste Artname gültig ist, wird vermieden, daß ständig neue Namen angewendet werden können. Grundlegend für diese Ordnung ist die Art als konkret faßbare Pflanzensippe, als die Pflanze, die wir in den Händen halten können. Es kann nur passieren, daß wir sie in ein anderes Kästchen – eine andere Gattung – legen müssen, weil sie mit besseren Hilfsmitteln genauer untersucht werden konnte.

Bei der nun folgenden Zusammenstellung der für uns wichtigen Gattungen und Arten werden nur die heute gültigen Artnamen angegeben. Die Synonyme sind der Speziallit eratur zu entnehmen. Die am Ende der Zeile stehende Jahreszahl bezieht sich auf die Erstbeschreibung, auf die stets der in Klammern angegebene Autorname hinweist, wenn sie nicht mit dem heute gültigen Namen übereinstimmt. In unserem Beispiel VRĪESEA SPLÉNDENS (Brongn.) Lem. wurde diese Pflanze bereits 1845 von Brongniart gültig beschrieben und 1850/51 von Lemaire zu der Gattung gestellt, der sie heute noch angehört.

Das Datum der Erstbeschreibung gestattet einen Rückschluß auf den Zeitpunkt der Einführung in die gärtnerischen Kulturen, ist aber nicht mit ihm identisch. So wurde BROMÉLIA PÍNGUIN bereits 1690 in Europa kultiviert, aber erst 1753 gültig beschrieben. Von anderen Bromelienarten ist bekannt, daß sie zunächst in den Kulturen blühten, ehe sie beschrieben wurden, was häufig erst einige Jahre nach der Einführung erfolgte. In anderen Fällen bildete Herbarmaterial die Grundlage für die Bearbeitung, und lebende Pflanzen gelangten erst später nach Europa. Jede der hier ausgewählten Bromelien hat ihre eigene Geschichte, die nachvollziehbar ist.

9. Bromelien im Porträt

ACANTHÓSTACHYS Klotzsch

Stachelähre
Unterfamilie: BROMELIOÍDEAE
Bei der 1841 von dem deutschen Botaniker Johann Friedrich Klotzsch (1805 bis 1860) beschriebenen ACANTHÓSTACHYS handelt es sich um eine monotypische Gattung.
Name: griech. acantha = Dorn und stachys = Ähre.
Merkmale: Wie viele andere monotypische Gattungen unterscheidet sich ACANTHÓSTACHYS schon in vegetativen Merkmalen von den ihr nahestehenden Gattungen. Sie wurde häufig mit der Gattung ÁNANAS L. vereinigt, besitzt aber einen anderen Blütenbau. Ihre zapfenförmigen Fruchtstände erinnern an die der Ananas und schmecken ebenfalls süß, sind aber wesentlich kleiner.

ACANTHÓSTACHYS STROBILÁCEA (Schult. f.) Klotzsch

Name: strobilaceus = zapfenförmig; er bezieht sich auf die zapfenförmigen Blütenstände.
Heimat: Brasilien, Argentinien, Paraguay.

Merkmale: Stammlose, ausläuferbildende Pflanzen mit wenigblättrigen, lockeren Rosetten. Ihre sehr langen, schmal linealischen Blätter sind gebogen und zeichnen sich durch eine sehr lange Scheide aus. Sie sind am Rand bestachelt und unterseits mehr oder weniger schuppig.
Der dünne, bis 50 cm lange, mit Schuppenhaaren besetzte Schaft ist leicht gebogen. Er ist kürzer als die Blätter. Unterhalb der dichten, allseitswendigen, etwa 5 cm langen Ähre spreizen sich ein bis zwei Hochblätter. Die orangerötlichen Deckblätter laufen in eine scharfe Spitze aus. In ihren Achseln stehen etwa 2,5 cm lange zusammengedrückte gelbe Blüten mit gekielten Kelchen. Sie entwickeln sich zu einem gelben beerenartigen Fruchtstand.

Die Stachelähre ist eine interessante, anspruchslose Pflanze, die dem Anfänger zu empfehlen ist. Sie wird ähnlich kultiviert wie die Aechmeen und kann als Epiphyt in Orchideenkörbchen gehalten, im Topf kultiviert oder als Bodenpflanze ausgepflanzt werden. In temperierten Räumen verträgt sie das gelegentliche Absinken der Luftfeuchtigkeit.

AECHMÉA Ruiz et Pav.

Aechmee, Lanzenrosette
Unterfamilie: BROMELIOÍDEAE
Name: griech. aichme = Lanzenspitze: er bezieht sich auf die Stachelspitzen der Deck- und Kelchblätter.
Heimat: von Mexiko und den Karibischen Inseln bis nach Argentinien verbreitet, in Nebel- und Regenwäldern, aber auch in Trockengebieten als Epiphyten, seltener als Bodenpflanzen.

1794 wurde die Gattung AECHMÉA von den spanischen Botanikern Ruiz und Pavón beschrieben. Von den etwa 170 bisher bekannten Arten stammen die meisten aus Brasilien.

Merkmale: Aechmeen gehören zu den Zisternenbromelien. Ihre Blätter sind in weiten Trichtern vereinigt oder bilden enge Röhren. Sie sind am Rand deutlich gezähnt, oben breit gerundet und laufen in ein Stachelspitzchen aus. Auf ihren Blattspreiten entstehen durch die unterschiedlich dichte Anordnung von Saugschuppen Querbänder oder auffällige Flecken. Die mannigfaltig gestalteten Blütenstände fallen durch meist lebhaft gefärbte, stachelspitzige, derbe, ledrige Deck- und Kelchblätter – in geringem Maße auch durch die Hochblätter – auf. Die zu einer kurzen Röhre verwachsenen Blütenblätter besitzen ebenso wie die Vrieseen an der Basis häufig zwei Schüppchen. Aus dem unterständigen Fruchtknoten entstehen fleischige, oft leuchtend gefärbte Beeren, die lange an den Pflanzen verbleiben. Einige Arten sind selbstfertil, so daß sich die oft sehr schönen Fruchtstände auch ohne eine Handbestäubung entwickeln können. Die starke Nektarabsonderung der dadurch oft klebrigen Blüten läßt vermuten, daß die Aechmeen in der Heimat von Kolibris bestäubt werden.

Die Kultur der Aechmeen richtet sich nach den heimatlichen Standortbedingungen. Arten mit auffallenden grauweißen Blattzeichnungen, die sich durch den Besatz mit Saugschuppen ergeben, stammen aus trockneren Gebieten. Ihre Zisternen sind oft enge Röhren, aus denen das für Trockenperioden gespeicherte Wasser weniger stark verdunstet. Diese Arten gehören zu den Bromelien, die eine relativ trockene Zimmerluft gut vertragen.

Wegen ihrer Blattzeichnungen sind die Aechmeen auch ohne Blüten dekorativ. Dazu kommt noch ein lange anhaltender Blütenflor. Einige Arten, besonders A. FASCIÁTA, haben deshalb in den letzten Jahrzehnten Eingang in den Zierpflanzenbau gefunden. Heute werden viele Ausleseformen und Hybriden kultiviert.

Die meisten Aechmeen benötigen einen temperierten, halbschattigen Standort. Einige Arten wie A. NUDICAULIS und A. RECURVÁTA, können zeitweilig der vollen Sonne ausgesetzt werden, um eine intensivere Ausfärbung der Blätter zu erzielen. A. NUDICAULIS wird dann leuchtend rot. Wenn

Arten mit weißgrauem Schuppenbesatz, wie A. FASCIÁTA, zu dunkel stehen, vergrünen sie. Für größere Pflanzen sind Sommertemperaturen zwischen 20 und 22 °C und Wintertemperaturen von 15 bis 17 °C als optimal anzusehen. Im allgemeinen sollte die Luftfeuchtigkeit bei 80 bis 90 Prozent liegen. Unter Kulturbedingungen mit niedrigerer Luftfeuchtigkeit (um 60 Prozent) hat sich A. FASCIÁTA gut bewährt. Die Trichter müssen stets mit Wasser gefüllt sein.

Die meisten Arten sind Langtagspflanzen und entwickeln ihre Blüten während der Sommermonate. Zur Blütenaktivierung ist der Einsatz von Azetylen (s. Seite 49 f.) zu empfehlen. Bei einer Zusatzbelichtung während der Wintermonate konnte beobachtet werden, daß blühreife Aechmeen ihre Blütenstände früher entfalteten. Die Vermehrung durch Kindel oder durch Samen ist problemlos.

AECHMÉA FASCIÁTA
(Lindl.) Bak. 1828

Name: fasciátus = gebändert; er bezieht sich auf die Bänderung der Blätter.
Heimat: Brasilien (Staat Rio de Janeiro).
Merkmale: Stammlose Pflanzen mit röhren- bis trichterförmigen Rosetten, die aus 10 bis 20 Blättern bestehen. Die ovalen, 10 bis 13 cm langen und 5 bis 10 cm breiten, mit Schuppenhaaren besetzten Blattscheiden mit glatten Rändern sind oberseits lila und unterseits grün gefärbt, und die bis zu 50 cm langen, 6 cm breiten, oben breit abgerundeten grünen Blattspreiten enden in einer 4 mm langen Stachelspitze. Sie sind entweder einheitlich grau beschuppt oder gebändert bzw. marmoriert; der Blattrand ist dunkelbraun bestachelt.

Der aufrechte, 30 bis 40 cm lange, rötlichbraune, dicht weißwollige Schaft trägt unten verzweigte, kopfig pyramidale Blütenstände. An seiner Basis sind die rosa gefärbten Hochblätter locker angeordnet; unterhalb des Blütenstandes konzentrieren sie sich wie ein Hüllkelch. Sie sind 7 bis 9 cm lang, schmal dreieckig, lang zugespitzt und am Rand bestachelt. Die Tragblätter gleichen den oberen Hochblättern und sind länger als die in ihren Achseln stehenden Teilblütenstände, bei denen es sich um Ähren handelt. Die Deckblätter sehen ihnen ähnlich, sind aber wesentlich kleiner, fein weißwollig beschuppt und ihre Ränder rosa bestachelt. Der bis 1 cm lange, unten kurz verwachsene asymmetrische rosa oder weiße Kelch ist ebenfalls weißwollig beschuppt; die etwa 3 cm langen blauen Blütenblätter werden im Verblühen rot.

Die Stammart wird heute kaum noch kultiviert.

Es wurden einige sehr schöne Varietäten aus dem natürlichen Verbreitungsgebiet eingeführt sowie in den Kulturen Formen mit gedrungenem Wuchs, schöner Blattzeichnung und großen, lange haltbaren Blütenständen ausgelesen. Beliebt ist wegen der rötlich gefärbten Blätter A. FASCIÁTA var. PURPÚREA (Guill.) Mez.

Neben VRIĒSEA SPLÉNDENS ist A. FASCIÁTA die Bromelie, die von den Zierpflanzenbetrieben bevorzugt wird. Sie blüht zwischen Juni und September. Die Blütezeit läßt sich aber durch chemische Mittel so beeinflussen, daß bei kontinuierlicher Anzucht während des ganzen Jahres blühende Pflanzen angeboten werden können.

A. FASCIÁTA ist leicht zu kultivieren. Sie bevorzugt einen temperierten, halbschattigen Standort und hält sich gut in trockenen Räumen, wenn die Trichter stets mit Wasser gefüllt sind. Die Anzucht erfolgt vorwiegend aus Samen. Die Sorte 'Variegata' mit breiten, gelblich weißen Längsstreifen kann aber nur durch Kindel vermehrt werden.

AECHMÉA MINIÁTA
(Beer) Bak. 1857

Name: miniátus = mennigfarben; er bezieht sich auf den rötlichen Farbton des Blütenstandes und des Fruchtknotens.
Heimat: Brasilien (Staat Bahia).
Merkmale: Lockere Rosetten von etwa 40 cm Durchmesser, blühend nur 40 cm hoch werdend. Die elliptischen, 11 bis 12 cm langen und 7 bis 8 cm breiten Blattscheiden sind durch den Schuppenhaarbesatz graubraun punktiert; die beiderseits grünen, bis zu 45 cm langen, an der Basis etwa 3,5 cm breiten, oben nur leicht gerundeten Blattspreiten mit bestacheltem Rand verbreitern sich in der Mitte und enden in einem kurzen Stachel.

Der aufrechte, dunkelrote Schaft ist dachziegelartig mit dünnen, bald abtrocknenden Hochblättern besetzt. Er überragt die Blattrosette kaum und trägt den bis 10 cm langen und 7 cm breiten Blütenstand aus zahlreichen 2- bis 10blütigen Ähren.

Die Tragblätter gleichen den Hochblättern, sind aber an der Spitze des Blütenstandes nur noch schuppenförmig.

Die etwa 1,5 cm langen Blüten besitzen blaue, sich im Verblühen rot verfärbende Blütenblätter und einen kurzen korallenroten Kelch.

Der Fruchtstand mit lebhaft rotgefärbten Achsen und Früchten hält sich längere Zeit.

A. MINIÁTA wächst gut an temperierten, halbschattigen Standorten. Sie wird in der Haltbarkeit noch übertroffen durch die nur aus der Kultur bekannte sehr dekorative, niedrig bleibende A. MINIÁTA var. DÍSCOLOR (Beer) Beer. Diese Varietät wird von den Zierpflanzenbetrieben bevorzugt. Sie sollte in keiner Sammlung fehlen.

AECHMÉA NUDICAÚLIS (L.) Griseb. 1753

Name: nudicaulis = nacktstengelig; er bezieht sich auf die schuppenförmigen, zum Teil fehlenden Deckblätter.

Heimat: Mexiko, Mittelamerika, Karibische Inseln, Venezuela, Brasilien.

Merkmale: 30 bis 60 cm hochwerdende röhrenförmige Rosette aus wenigen Blättern mit großen, elliptischen, etwa 15 cm langen, dicht braun beschuppten Scheiden. Die 20 bis 90 cm langen, 6 bis 10 cm breiten, zungenförmigen grünen Blattspreiten sind auf der Unterseite teilweise graugebändert und ihre Ränder mit 4 mm langen schwarzen Stacheln besetzt. Der aufrechte grüne oder rote Schaft überragt die Blätter kaum. Der lockere, zylindrische Blütenstand – eine Ähre – ist 5 bis 25 cm lang; Schaft und Blütenstandsachse sind weiß beschuppt. Die dreieckigen, zugespitzten, roten Deckblätter sind kürzer als die Kelchblätter, zumeist nur noch schuppenförmig, und fehlen bisweilen ganz. Die gelben, sitzenden Blüten mit etwa 1,2 cm langen Blütenblättern und etwas kürzerem Kelch sind spiralig angeordnet.

A NUDICAÚLIS und ihre Varietäten fallen durch den kontrastreichen Blütenstand besonders auf. Sie sind blühwillig und so wüchsig, daß ihre Pflege dem Anfänger keine Schwierigkeiten bereitet. Für eine erfolgreiche Kultur ist ein temperierter, halbschattiger bis sonniger Standort entscheidend. Bei lange anhaltender intensiver Sonneneinwirkung können auf den Blättern dunkle Flecken entstehen.

AECHMÉA RACÍNAE L. B. Sm. 1941

Name: racínae = nach Racina Foster benannt, der Frau des nordamerikanischen Bromelienzüchters und -sammlers M. B. Foster.

Heimat: Brasilien (Staat Espírito Santo).

Merkmale: Kleine, lockere Rosetten aus 10 bis 12 Blättern mit länglichovalen, 10 bis 14 cm langen und 6 bis 7 cm breiten, weißlichgrünen, auf beiden Seiten braunbeschuppten Scheiden; blühend nur 40 bis 50 cm hoch. Die etwa 50 cm langen, zugespitzten Blattspreiten sind zungenförmig und verbreitern sich von der 2 cm breiten Basis im oberen Teil bis zu 3,5 cm. Sie sind glattrandig und kaum bestachelt. Der 45 cm lange rötlich-braune Schaft hängt herab, ebenso die an ihn anschließende, etwa 12 cm lange lockere Traube mit kräftig roter, warziger Blütenstandsachse. Die schuppenförmigen Deckblätter sind mit dem Auge nur schwer zu erfassen. Die kurzgestielten Blüten mit orangeroten Fruchtknoten stehen waagerecht ab. Ihre gelben Blütenblätter sind 1,2 cm lang und an der Basis schwärzlich verfärbt. Die an der Basis verwachsenen, 6 bis 7 mm langen, warzigen Kelchblätter sind leuchtend rot, ihre gerundeten Spitzen gelblichgrün.

Wegen der mehrfarbigen, hängenden Blütenstände und der geringen Größe ist A. RACÍNAE für Blumenfenster, aber auch für Kleingewächshäuser gut geeignet. Sie sollte halbschattig und temperiert kultiviert werden.

ÁNANAS Mill.

Ananas
Unterfamilie: BROMELIOÍDEAE
Name: Dieser Gattungsname geht auf die brasilianische Bezeichnung zurück, die von »anana« aus der Guaraní-Sprache abgeleitet ist.
Heimat: Brasilien, über Paraguay bis nach Guyana.
Gültig beschrieben wurde die Gattung ÁNANAS 1754 von dem englischen Gärtner und Botaniker Philip Miller (1691 bis 1771), der ab 1731 in seinem in mehreren Auflagen herausgegebenen, stets neu bearbeiteten und ergänzten Hauptwerk »The Gardener's Dictionary« seine umfangreichen Pflanzenkenntnisse und Kulturerfahrungen veröffentlichte.

In der Bearbeitung des nordamerikanischen Botanikers Lyman Bradford Smith, eines Bromelienspezialisten, umfaßt die Gattung fünf Arten.

Es handelt sich um große, bodenbewohnende, zumeist stammlose Pflanzen. Ihre zurückgebogenen, linearen, sehr harten, mit Ausnahme einiger Kulturformen am Rand bestachelten Blätter laufen in eine Stachelspitze aus. Sie bilden eine dichte Rosette. Der verhältnismäßig kurze Schaft ist mit am Rande bestachelten Hochblättern besetzt; der kugelige bis längliche zapfenförmige Blütenstand – eine Ähre – endet mit einem Schopf kleiner Blätter.

Die Blüten sind lila, weiß oder purpurfarben. Aus dem unterständigen Fruchtknoten entwickeln sich Beeren, die mit dem fleischig werdenden Basalteilen ihrer Tragblätter und der verdickten Blütenstandsachse zu einer Sammelfrucht verwachsen. Die kleinen eiförmigen Samen sind braun oder schwarz gefärbt; die Kulturananas ist dagegen samenlos und leerfrüchtig.

Die Gattung stellt an Licht und Wärme hohe Anforderungen. Während der Sommermonate ist aber bei intensiver Sonneneinstrahlung eine leichte Beschattung zu empfehlen. Temperaturen zwischen 25 bis 30 °C sind als optimal anzusehen. Sie sollten während der Wintermonate nicht wesentlich unter 15 °C absinken. Die Pflanzen dürfen aber auch nicht zu warm stehen, damit die Blätter nicht verweichlichen. Diese werden vor allem bei unzureichenden Lichtverhältnissen lang und dünn und knicken leicht ab. Entscheidend für den Kulturerfolg ist eine ausreichende Bodenwärme.

Die Vermehrung erfolgt durch vorsichtiges Herausdrehen des oberhalb der Frucht gebildeten Blattschopfes, durch Kindel der basalen Rosettenblätter sowie durch Achselsprosse, die sich unmittelbar unter der Frucht in den Achseln der Hochblätter entwickeln.

Diese vegetativen Pflanzenteile werden flach in eine Schale mit einem lockeren, wasserdurchlässigen Pflanzsubstrat gesteckt. Am besten hat sich ein Gemisch aus grober Heideerde und Lauberde mit einem reichlichen Sandzusatz bewährt. Um eine gleichmäßige Luftfeuchtigkeit zu gewährleisten, werden die Schalen zunächst mit einer Folienhaube oder einem größeren Glasbehälter abgedeckt und an einem warmen, nicht der prallen Sonne ausgesetzten Standort aufgestellt. Sie werden durch zunehmend zu verstärkendes Lüften allmählich abgehärtet. Sobald die Wurzelbildung eingesetzt hat, können sie heller und luftiger gehalten werden.

Man sollte die Pflanzen erst eintopfen, wenn sie gut bewurzelt sind, also etwa nach zwei bis drei Monaten. Bewährt hat sich ein etwas schwereres Pflanzsubstrat, dem ein wenig Rasenerde beigemischt wird. Gute Erfolge konnten im geschlossenen Blumenfenster oder in der Pflanzenvitrine erzielt werden.

ÁNANAS COMÓSUS (L.) Merr. 1753

Name: comósus = schopfartig; er bezieht sich auf den terminalen Blattschopf.

Heimat: Brasilien (Staaten Bahia und Matto Grosso).

Merkmale: Dichte Rosetten aus 30 bis 50 lineal-lanzettlichen, bis 1,50 m langen, graugrünen Blättern mit einer für die Gattung typischen Bestachelung, ohne Ausläufer.

Der 30 bis 50 cm lange, dicke, rötliche Schaft ist vor allem unterhalb des Blütenstandes mit dichtstehenden aufrechten Hochblättern bedeckt. Die rötlichgelben Deckblätter des dichten, zapfenförmigen Blütenstandes, einer etwa 30 cm langen Ähre, verwachsen zum Teil mit dem Fruchtknoten. Der als Scheinfrucht zu bezeichnende etwa 30 cm lange und 15 cm dicke genießbare Fruchtstand besteht aus den Beeren der fleischig gewordenen Blütenstandsachse sowie Basalteilen der Deckblätter.

Á. COMÓSUS ist sehr formenreich. Die samenlose Kulturananas wird heute in allen Tropenländern in zahlreichen Sorten angebaut. Ihre vermutliche Stammform besitzt ebenfalls eßbare, süße Früchte, unterscheidet sich aber von ihr durch die Samenbildung sowie durch kleinere blaue Blüten und kleine, unscheinbare Deckblätter.

Bei der 1690 nach Europa eingeführten Ananas handelte es sich bereits um eine Kulturform. Sie besitzt rosafarbene Blüten. Als Zierpflanzen werden vor allem in Schausammlungen einige Varietäten mit gelb-grün gestreiften Blättern kultiviert. Dazu gehört Á. COMÓSUS var. PORTEÁNUS Koch mit einem gelben Mittelstreifen auf den olivgrünen Blättern.

ÁNANAS NÁNUS (L. B. Sm.)
L. B. Sm. 1939

Name: nánus = niedrig; er bezieht sich auf die Wuchshöhe.
Heimat: Zentral- und Nordbrasilien.
Merkmale: Kleine Pflanzen – nicht höher als 20 cm – mit kleinem, weißlichem, etwa 5 cm großem Fruchtstand. Zur Reifezeit entwickelt sich am Ende des Fruchtstandes ein Schopf steriler Blätter, und an der Basis des Fruchtstandes bilden sich Erneuerungssprosse.

Á. NÁNUS kommt als Bodenpflanze in offenen Wäldern bis zu 1000 m Höhe vor. Sie ist sehr hart und kann sich auch auf dem Fensterbrett zu einer dekorativen Pflanze entwickeln.

BILLBÉRGIA Thunb.

Billbergie
Unterfamilie: BROMELIOÍDEAE
Name: Die Gattung wurde von Thunberg 1821 nach dem schwedischen Botaniker Gustav Johannes Billberg (1772 bis 1844) benannt.
Heimat: Südmexiko bis Bolivien und Nordargentinien; wobei der Verbreitungsschwerpunkt in Brasilien liegt.

Die meisten Arten leben epiphytisch, Bodenpflanzen sind seltener. Ihre oft sehr harten Blätter bilden trichterartige oder engröhrige Rosetten. Die Erneuerungssprosse werden besonders zahlreich gebildet. Sie beginnen mit einem von Schuppenblättern besetzten ausläuferähnlichen Abschnitt. Auffallend sind die oft dicht mit Schuppenhaaren besetzten Unterseiten der Blattspreiten, wobei wie bei B. ZEBRÍNA weiße Querbänder entstehen können. Die Blattränder sind mit Stacheln besetzt, selten glatt, die Scheiden verbreitet.

Die radiären oder leicht zygomorphen Blüten sind meist in einfachen, selten in zusammengesetzten, hängenden Blütenständen – Trauben oder Ähren – vereinigt. Ihre Achse ist häufig biegsam. Die großen, lebhaft rot oder rosa gefärbten Hochblätter an den bogigen Schäften halten sich nicht lange. Die Blütenblätter sind entweder zurückgeschlagen, bzw. höchstens leicht eingerollt, und die Blütenstandsachse ist kahl oder schneckig eingerollt und der Fruchtknoten dicht weißwollig.

Mit Ausnahme einiger Arten wie B. CHLORÁNTHA besitzen die Billbergien im Gegensatz zu den ihnen im Wuchs sehr ähnlichen Aechmeen keine Schüppchen an der Basis der Blütenblätter. Viele Billbergien blühen nachts. Staubblätter und Griffel ragen aus der Blumenkrone heraus. Aus dem unterständigen Fruchtknoten entwickelt sich eine vielsamige Beere. Billbergien sind sehr anspruchslos, vertragen auch trockene Luft und sind deshalb für Wohnräume gut geeignet. Bei mäßigem Halbschatten und leichter Luftfeuchtigkeit benötigen sie im Winter 15 bis 18 °C. Die Temperaturen sollten aber möglichst nicht unter 13 °C absinken.

Wegen der kurzlebigen Blütenstände konnten sie sich nicht durchsetzen. Eine Ausnahme stellt lediglich die Nickende Billbergie, B. NUTANS, dar. Außerdem werden einige Arten mit schönen Blattzeichnungen in botanischen Gärten und anderen Pflanzensammlungen gehalten. Züchter versuchen in Europa und in den USA seit einigen Jahren, durch Kreuzungen buntblättrige Hybriden zu erzielen, die das Pflanzenangebot für trockene, zentralbeheizte Räume verbessern könnten.

BILLBÉRGIA NÚTANS H. Wendl.

Name: nútans = nickend, hängend; er bezieht sich auf die sehr auffällig gefärbten hängenden Blütenstände.

Heimat: Hauptverbreitungsgebiet Brasilien, aber auch Uruguay, Paraguay und Argentinien.

Merkmale: Schmale Trichterrosetten aus 12 bis 15 etwa 60 cm langen, schmalen, langzugespitzten ledrigen Blattspreiten mit aufgebogenen Rändern. Sie sind mit angedrückten Schuppenhaaren besetzt und unten bestachelt. Die nur 1 cm breiten Blattspreiten verbreitern sich in 4 bis 5 cm lange und an der Basis 2 bis 2,5 cm breite Blattscheiden.

Die Hochblätter verdecken den bogigen, etwa 40 cm langen Schaft. Hinsichtlich der Form gibt es fließende Übergänge von den Rosettenblättern zu den dünnen, graubeschuppten Hochblättern. Die unteren Hochblätter sind grün mit langer, schmaler Spreite, die oberen rot gefärbt mit kurzer Spreite.

Die wenigen in zweizeiligen hängenden Trauben angeordneten Blüten stehen in den Achseln von kleinen, unscheinbaren Deckblättern. Die grünen, blaugesäumten bis zu 4 cm langen Blütenblätter sind oft zurückgeschlagen, der kürzere rote, dünnhäutige Kelch ist an der Spitze grün mit blauem Fleck.

BILLBÉRGIA NÚTANS wird von Walter Richter als unverwüstliche Zimmerpflanze bezeichnet. Sie gedeiht in temperierten Räumen an nahezu jedem Standort, bevorzugt allerdings leichten Halbschatten. Während der Sommermonate kann sie gut im Freien gehalten werden.

Es entstanden zahlreiche Hybriden mit breiteren Blättern und auffallenden Hochblättern. An der Ausgangspflanze werden zahlreiche Kindel an kurzen Ausläufern gebildet, die bereits nach ein bis eineinhalb Jahren blühen können. Sie werden in humose Substrate gepflanzt.

BILLBÉRGIA RÓSEA
Beer 1857

Name: róseus = rosafarbig; er bezieht sich auf die Farbe der Hochblätter.
Heimat: Trinidad.
Merkmale: Stammlose Pflanzen mit wenigen bis 1 m langen, 5 cm breiten, in einer aufrechten, schmalen Röhre vereinigten Blättern, die in eine kurze Spitze auslaufen. Die gefleckten oder gebänderten Blattspreiten sind häufig rötlich überlaufen und am Rand mit etwa 1 mm langen Stacheln besetzt. An dem hängend weißfilzigen Schaft sind die Hochblätter unterhalb des Blütenstandes konzentriert. Die sitzenden, etwa 8 cm langen Blüten sind in kleinen Deckblättern an der hängenden, ebenfalls weißfilzigen Blütenstandsachse angeordnet. Die ungleich langen Kelchblätter sind auf dem Rücken behaart und warzig, die gelbgrünen Blütenblätter bei der Entfaltung spiralig zurückgerollt, der geriefte Fruchtknoten ist dicht weißwollig.

Diese schöne, dekorative Pflanze wird häufig mit der aus Brasilien stammenden BILLBÉRGIA ZEBRÍNA verwechselt, von der sie sich durch den gerieften Fruchtknoten unterscheidet. Der Fruchtknoten von B. ZEBRÍNA ist im Alter durch glänzende schwarze Höcker gekennzeichnet. Beide Arten sind trotz ihrer Größe als Zimmerpflanzen zu empfehlen. Vor allem B. ZEBRÍNA wird häufig zusammen mit Kakteen gehalten, wenn eine im Gesamteindruck einheitliche Sammlung aufgelockert werden soll.

CANÍSTRUM E. Morr

Kanistrum
Unterfamilie: BROMELIOÍDEAE
Name: griechisch kanistron = aus Rohr geflochtener Korb. Er geht auf die Blütenstände dieser 1873 von dem Direktor des Botanischen Gartens Lüttich Eduard Morren begründeten Gattung zurück. Sie sind von einem Kranz von Hochblättern so dicht eingehüllt, daß es aussieht, als seien sie in einen Behälter eingesenkt.
Heimat: Von den sieben gegenwärtig bekannten Kanistrum-Arten stammen sechs aus Brasilien.
Bei den Blütenständen handelt es sich um stark zusammengedrängte Rispen. Der Schaft kann so stark gestaucht sein, daß die Blütenstände ähnlich wie

bei den Nidularien und Neoregelien in die Rosette eingesenkt sind. Ist der Schaft dagegen verlängert, so wird die köpfchenförmige Rispe zusammen mit den sie wie ein Hüllkelch umgebenden Hochblättern emporgehoben. Aus den unterständigen Fruchtknoten der kurz gestielten, zumeist grünlichen oder weißen Blüten entwickeln sich saftlose Beeren mit zahlreichen spindelförmigen, rotbraunen Samen. Die Blütenblätter sind nicht verwachsen und besitzen an der Innenseite Schüppchen.

Die großen, breiten Trichterrosetten werden aus breiten, schuppigen Blattscheiden gebildet. Die zungenförmigen, kurz oder lang zugespitzten grünen Blattspreiten sind unterseits mit angedrückten Schuppenhaaren besetzt und am Rand bestachelt.

Es sind Epiphyten oder Bodenpflanzen, die wie die Nidularien kultiviert werden, denen sie sehr ähnlich sehen. Sie benötigen viel Feuchtigkeit und lichten Schatten. Zu starke Sonneneinwirkung kann Blattschäden verursachen; andererseits muß das Licht ausreichen, damit sich die charakteristische Form und Färbung herausbilden kann.

CANÍSTRUM LINDÉNII (Rgl.) Mez

Name: Benannt nach dem belgischen Gärtner Jean Linden.

Heimat: Brasilien (Staat Santa Catarina).

Merkmale: Große Trichterrosetten aus braun beschuppten, bis zu 20 cm langen und 15 bis 17 cm breiten Blattscheiden mit 40 bis 60 cm langen, 8 cm breiten grünen Blattspreiten, die dunkel gefleckt sind und etwa 2 mm lange Randstacheln besitzen. Der aufrechte Schaft ist rotbraun behaart. Gelblichweiße Hochblätter umgeben den kopfförmigen Blütenstand mit dichtstehenden weißgrünen Blüten und großem weißem Fruchtknoten.

Kultiviert wird vor allem C. LINDÉNII var. RÓSEUM L. B. Sm. mit rosa Hochblättern und die 1952 beschriebene f. PROCÉRA Reitz, die einen langen Schaft besitzt, der den Blütenstand aus der Rosettenmitte heraushebt.

CRYPTÁNTHUS Otto et Dietr.

Cryptanthe
Unterfamilie: BROMELIOÍDEAE
Name: griech. kryptos = verborgen, anthos = Blüte; er bezieht sich auf die unscheinbaren Blütenstände.
Heimat: Ostbrasilien.
Die Gattung wurde von dem Inspektor des Berliner Botanischen Gartens, Christoph Friedrich Otto (1783 bis 1856), und dem Kustos, Albert Gottfried Dietrich (1795 bis 1856), beschrieben. Die Cryptanthen stammen aus einem Gebiet, in dem perio-

disch Wassermangel auftreten kann. Sie nehmen als Bodenpflanzen in den ostbrasilianischen Trockenwäldern oft große Flächen ein. Es sind fast ausnahmslos stammlose Rosetten, die dem Boden dicht aufliegen und aus schmalen, zungenförmigen Blättern mit gewelltem, dicht gezähntem Rand sowie einer mit Saugschuppen besetzten Unterseite bestehen. Ihre Blattscheiden sind wenig entwickelt und die Blätter oberhalb der Scheide bei einem Teil der Arten stielartig verschmälert, so daß sich hier kaum Wasser ansammeln kann. Die Saugschuppen sind noch verhältnismäßig einfach gebaut und gleichen denen der terrestrischen PITCAÍRNIA nahestehenden Bromelien (Unterfamilie PITCAIRNIOÍDEAE). Sie sind aber bereits so dicht angeordnet, daß sie durch die Aufnahme atmosphärischen Wassers zur Wasserversorgung beitragen können. Die Cryptanthen besitzen außerdem noch ein gut entwickeltes Wurzelsystem, das der Wasseraufnahme dient. In den Blattachseln entstehen zahlreiche Erneuerungssprosse, die sich bei entsprechender Größe herausschieben, abfallen und einwurzeln. Dadurch bilden sich am natürlichen Standort die großen Bestände, bei ausreichendem Platz aber auch in den Kulturen.

Der zusammengesetzte Blütenstand – eine stark verkürzte Rispe – ist in die Blattrosette eingesenkt. Die unscheinbaren, sitzenden Blüten sind an den Seitenachsen büschelig und am Ende der Hauptachse ährig angeordnet. Die kleinen Tragblätter sind dünnhäutig, die Blütenblätter weiß oder grünlichweiß.

Cryptanthen sind ihrer auffallenden Blattfärbungen wegen beliebt. Oft geht der grünliche Grundfarbton der Blätter ins Bräunliche oder Rötliche über, und die Blätter sind mit Längsstreifen oder Querbändern gezeichnet. Zu den etwa 20 Arten kam eine große Anzahl von Hybriden, die oft noch prächtiger gefärbt sind als die Stammarten.

Ihrem natürlichen Standort entsprechend, benötigen die Cryptanthen viel Wärme, C. ZONÁTUS, C. FOSTERANUS, C. LACÉRDAE und die anspruchsvolleren Hybriden gedeihen nur bei Temperaturen von 20 bis 25 °C gut, die anderen Arten kommen mit Temperaturen von 18 bis 20 °C aus. Als Bodenbewohner wachsen sie am besten in lockerer, humoser Erde, können aber auch in einem Epiphytensubstrat mit einer zusätzlichen Grunddüngung kultiviert werden. Bewährt hat sich der Zusatz von getrocknetem Rinderdung sowie Volldüngerlösungen während der Vegetationsperiode.

Eine ausgesprochene Ruhezeit braucht nicht eingehalten zu werden. In Abhängigkeit von der Temperatur ist während der Sommermonate für eine gleichmäßige Boden- und Luftfeuchtigkeit zu sorgen. Stauende

Nässe muß aber unbedingt vermieden werden, damit keine Wurzelschäden auftreten. Dagegen schadet eine gewisse Trockenheit den in der Heimat an periodische Trockenzeiten angepaßten Pflanzen nicht. Wenn in den Wintermonaten Temperatur und Licht nicht optimal sind, ist es besser, die Pflanzen trockener zu halten. Sie wachsen dann natürlich langsamer.

Die Intensität der Blattfärbung ist abhängig von der Lichtintensität. Deshalb benötigen die Cryptanthen einen hellen Standort. Sie sind während der Sommermonate meistens schöner gefärbt als im Winter. Volle Sonne vertragen allerdings nur einige Arten; die meisten gedeihen am besten im Halbschatten. Man muß darum zumindest während der Mittagsstunden schattieren. Die Blüten werden mit zunehmender Tageslänge angelegt und entfalten sich im Frühling und Frühsommer.

Zur Vermehrung können die Kindel von den Mutterpflanzen abgesammelt und in ein Torfsubstrat oder Torfsandgemisch gesteckt werden.

Diese Mini-Bromelien sind aufgrund ihrer geringen Platzansprüche besonders für die Zimmerkultur oder auch zur Unterpflanzung für Vitrinen und Terrarien geeignet. In flachen, breiten Gefäßen können sie sich besonders gut entwickeln. Epiphytenkultur an Holz ist zwar möglich, entspricht aber nicht ihrem natürlichen Vorkommen.

Cryptánthus béuckeri
E. Morr. 1880

Name: beuckeri = benannt nach dem Sammler Beucker, der die Pflanze in die belgischen Gärtnereien einführte.

Heimat: Brasilien (nur kultiviert bekannt).

Merkmale: Kleine, stammlose, zuweilen auch einen kurzen Stamm bildende Pflanze mit lockeren Rosetten bis zu 10 Blättern. Die ovalen Blattspreiten erreichen eine Länge von 8 bis 10 cm und eine Breite von 3 bis 4 cm; sie sind oberhalb der Scheide zu einem 3 bis 4 cm langen Stiel verschmälert und am Rand gezähnt und gewellt. Ihre grüne Oberseite ist weiß marmoriert und oft rosa getönt, die Unterseite dicht grau beschuppt. Der Blütenstand setzt sich aus wenigen weißen, bis zu 3 cm langen, sitzenden Blüten zusammen. Sie erreicht blühend eine Höhe von 15 cm.

Für diese in den Sammlungen weit verbreitete Cryptanthusart ist in den Sommermonaten während der Mittagsstunden eine leichte Beschattung zu empfehlen. Die Hauptblütezeit liegt im Frühjahr und Frühsommer.

Cryptánthus bromelioídes
Otto et Dietr. 1836

Name: bromelioides = der Gattung Bromelia ähnlich.

CRYPTÁNTHUS (Cryptanthe)

Heimat: Brasilien (Staat Espírito Santo sowie Distrito Federal).
Merkmale: Ausläuferbildende Pflanze mit kurzem Stamm und 30 bis 40 cm breiten Rosetten aus zahlreichen, oberhalb der Scheide verschmälerten, bis etwa 20 cm langen und 4 cm breiten Blättern. Die meist bronzegrünen Blattspreiten sind am Rand leicht gewellt, dicht gezähnt, oberseits kahl und unterseits weiß beschuppt. Die reichblütigen Blütenstände sind aus vier- bis sechsblütigen Teilblütenständen zusammengesetzt.
Besonders schön ist die 1953 von M. B. Foster ausgelesene Sorte 'Tricolor'. Ihre Blätter können im Sonnenlicht mehrfarbig leuchten. Die grünen Spreiten mit rahmweißen Längsstreifen sind rosa bis rötlich überzogen. Die Mehrfarbigkeit wird aber nur bei guter Belichtung erreicht; im dichten Schatten ist die Pflanze grün. Trotzdem ist bei praller Sonne ein leichter Schatten ratsam.

ten, bis zu 30 cm langen und 4 cm breiten Blattspreiten. Sie sind lineallanzettlich und lang zugespitzt mit einem gewellten, dicht gesägten Rand. Große graue Schuppenhaare sind auf der rötlichbraunen Blattoberseite zu Querbändern angeordnet. Die Unterseite ist völlig grau beschuppt.
Der auf einem gestauchten Schaft sitzende Blütenstand setzt sich aus mehreren wenigblütigen Ähren zusammen, die in der Achse von den Blättern ähnlichen kleinen spitzen Tragblättern mit herzförmiger Scheide stehen. Die breiten, ovalen, dünnhäutigen Deckblätter sind etwa so lang wie die Kelchblätter, die weißen Blütenblätter schmal-bandartig.
Der erst 1948 entdeckte C. FOSTERÁNUS fällt durch Blattform und Blattzeichnung besonders auf. Er entwickelt sich bei entsprechender Pflege zu einer sehr attraktiven Schaupflanze. In der Praxis wird C. FOSTERÁNUS leicht mit C. ZONÁTUS var. FÚSCUS verwechselt.

CRYPTÁNTHUS FOSTERÁNUS L. B. Sm. 1952

Name: fosteránus = nach dem nordamerikanischen Bromelienzüchter M. B. Foster benannt.
Heimat: Brasilien (Staaten Pernambuco und Serra Negra).
Merkmale: Flache, sternförmige Rosetten aus etwa 12 Blättern mit an der Basis verschmälerten, nicht gestiel-

CRYPTÁNTHUS ZONÁTUS (Vis.) Beer 1847

Name: zonátus = gürtelartig gestreift; er bezieht sich auf die gebänderten Blätter.
Heimat: Brasilien (Staat Pernambuco).
Merkmale: Sternförmige, flache Rosetten aus 10 bis 15 Blättern mit läng-

lich lanzettlichen, 15 bis 20 cm langen, bis 4,5 cm breiten Blattspreiten. Die am Rand gewellten und gezähnten grünen Blätter sind oberseits unregelmäßig gebändert durch die Konzentration von graubraunen Schuppenhaaren, während die Unterseite dicht weißlichgrau beschuppt ist.

Die kleineren Tragblätter des nistenden Blütenstandes gleichen den Blättern und verdecken die wenigblütigen, spiralig angeordneten Ähren. Die grünen Deckblätter sind kürzer als die etwa 2 cm langen, ebenfalls grünen, aber grau beschuppten Kelchblätter, die asymmetrisch angeordnet und bis auf Zipfel miteinander verwachsen sind. Die etwa 3 cm langen weißen Blütenblätter sind oben ausgebreitet.

Wegen der ausgeprägten Blattzeichnung gehört die formenreiche Art zu den beliebtesten Cryptanthen. Nur aus der Kultur bekannt sind die bereits bei der Beschreibung der Art abgegrenzte var. FÚSCUS (Vis.) Mez mit braunroten, hellsilbergrau beschuppten Blättern und die 1934 entdeckte var. VÍRIDIS Hort., deren grüne Blätter auf der Unterseite nicht beschuppt sind (fúscus = braunrot; víridis = grün).

GUZMÁNIA Ruiz et Pav.

Guzmanie
Unterfamilie: TILLANDSIOÍDEAE

Name: Die Gattung wurde 1802 von den spanischen Botanikern Ruiz und Pavón beschrieben und nach dem spanischen Apotheker und Naturforscher A. Guzman benannt.
Heimat: nordwestliches Südamerika und Karibische Inseln.

Die heute etwa 100 Arten umfassende Gattung GUZMÁNIA gehört zu den Trichterbromelien und kommt in den tropischen Regenwäldern des Verbreitungsgebietes vor allem als Epiphyt, aber auch als Bodenpflanze vor.

Ihre dichten Blattrosetten werden von glatten, ganzrandigen Blättern mit scheidig verbreiterter Basis gebildet. Der Blütenstand ist eine einfache Ähre mit spiralig angeordneten, meist farbigen Deckblättern, die durch eine Stauchung des Blütenschaftes (Infloreszensschaft) kopfförmig zusammengedrängt werden kann. Die weißen oder gelben Blütenblätter der in den Achseln der Deckblätter stehenden Einzelblüten sind mindestens bis zur Hälfte röhrig verwachsen und besitzen im Gegensatz zu der nahe verwandten Gattung VRIESEA keine Ligula. Aus dem oberständigen Fruchtknoten entwickelt sich eine Kapsel, in der die an der Basis der Samen haftenden Flughaare gerade liegen.

Kultiviert wird nur ein kleiner Teil der bisher beschriebenen Arten; aber zu ihnen gehören einige der wichtigsten Bromelien für unsere Wohnräume. In Spezialbetrieben werden vor allem Hybriden herangezogen, die durch die Züchtungsarbeit der Gärtner entstanden. Sie sind häufig noch prächtiger gefärbt als die Stammarten und meist weniger anspruchsvoll.

Als Regenwaldpflanzen besitzen die Guzmanien verhältnismäßig weiche Blätter. Sie beanspruchen Temperaturen von 20 bis 25 °C, eine Luftfeuchtigkeit von 80 bis 90 Prozent und im Sommer ausreichenden Schatten. Der Wurzelballen sollte gleichmäßig feucht gehalten werden, denn Guzmanien sind ebenso empfindlich gegen Ballentrockenheit wie gegen stagnierende Nässe. Die Trichter müssen stets mit Wasser gefüllt sein. Schwankungen in der Wasserversorgung – vor allem eine zu geringe Luftfeuchtigkeit – können zu Blattschäden führen. Als Zusatzdüngung kommen nur schwache Konzentrationen in Frage, da Guzmanien salzempfindlich sind.

Im Winter sind Temperaturen von 18 bis 20 °C ausreichend, 12 °C dürfen auf keinen Fall unterschritten werden. Wichtig sind gute Lichtverhältnisse: Eine Zusatzbeleuchtung von 200 Watt/m^2 oder mindestens 1000 Lux, etwa 50 cm über den Pflanzen angebracht, fördert Wachstum und Blütenbildung. Sie ist vor allem bei der Jungpflanzenanzucht wichtig.

Vermehrt wird durch Samen oder Kindel. Hybriden und manche Arten setzen keinen Samen an.

Die meisten Guzmanien sind so groß, daß sie nur im Blumenfenster oder im Kleingewächshaus gehalten werden können. Sie werden dann in ein lockeres, humoses und durchlässiges Substrat gepflanzt, können aber auch am Fuß eines Epiphytenstammes bei gleichmäßiger Feuchtigkeit halbschattig angebracht werden.

GUZMÁNIA LINGULÁTA (L.) Mez 1753

Name: lingulatus = zungenförmig; er bezieht sich auf die zungenförmigen Hochblätter.
Heimat: Mittelamerika, Karibische Inseln, Guyana, Kolumbien, Bolivien, Brasilien.
Merkmale: Stammlose Rosetten aus bis zu 45 cm langen und 5 cm breiten grünen Blättern, die an der Basis stark verbreitert sind. Die Blattscheiden sind an der Basis braun gefärbt und dicht braun beschuppt, die Blattunterseiten oft mit dünnen violetten Längsstreifen gezeichnet.

Der 10- bis 50blütige, 7 cm breite Blütenstand ist kopfig zusammengezogen, der aufrechte, kräftige Schaft kürzer als die Blätter. Die unteren dachziegelartig angeordneten roten Hochblätter gleichen den Blättern, die oberen sind lanzettlich gestaltet. Sie spreizen sich ab und umhüllen den Blütenstand kelchähnlich. Die schmalen Deckblätter sind kürzer als die kurzgestielten, aufrechten, fast 5 cm langen, gelblich weißen Blüten. Die

Blütenblätter neigen sich oben kappenartig gegeneinander.
Die weitverbreitete G. LINGULÁTA ist bereits an den Heimatstandorten formenreich. Einige Varietäten werden häufiger kultiviert als die Stammart, so die auffallend schöne var. SPLÉNDENS Bouché mit rötlich-grünen, unterseits violettroten Blättern und rotvioletten Hochblättern. Die zierliche G. MÍNOR Mez mit hellroten Hochblättern ist eine nahe verwandte Art mit den gleichen Kulturansprüchen.

GUZMÁNIA MONOSTÁCHYA (L.) Rusby 1753

Name: monostáchi(y)us = einährig; er bezieht sich auf den Blütenstand, eine einfache Ähre.
Heimat: Florida, Karibische Inseln, Nikaragua bis Venezuela, Kolumbien, Peru, Bolivien.
Merkmale: Stammlose, dichte Rosetten, die blühend bis 40 cm hoch werden. Die linealischen, zugespitzten, blaßgrünen Blattspreiten werden bis 30 cm lang und 2,5 cm breit. Der aufrechte Schaft ist viel kürzer als die Blätter und mit oval-dreieckigen, langzugespitzten, dachziegelartig angeordneten Hochblättern besetzt.
Die walzenförmigen, etwa 3 cm dicken Blütenstände können 15 cm lang werden und besitzen im oberen Teil keine Blüten. Die ovalen, zugespitzten Deckblätter unterscheiden sich in Form und Farbe nach ihrer Stellung im Blütenstand. Die blütentragenden weißlichen Deckblätter sind braun oder rötlich längsgenervt, die oberen blütenlosen leuchtendrot. Die weißen Blüten werden bis 3 cm lang.
G. MONOSTÁCHYA kommt als Epiphyt oder Bodenpflanze von der Ebene bis zu 2000 m Höhe vor. Sie wird in größeren Beständen als Zierpflanze kultiviert. Die Sorte 'Variegata' zeichnet sich durch weiße Längsstreifen auf den Blättern aus. In Blumenfenstern und Vitrinen bei hoher Luftfeuchtigkeit und Wärme entwickelt sie sich besonders gut, kann aber bei entsprechender Pflege auch auf der Fensterbank gehalten werden. Während der Sommermonate ist sie unbedingt vor zu starker Sonneneinstrahlung zu schützen.

GUZMÁNIA MUSÁICA (Lind. et André) Mez 1873

Name: musáicus = mosaikartig; er bezieht sich auf die Blattzeichnung.
Heimat: Panama, Kolumbien; Regenwälder und Mangrovensümpfe, bis zu 500 m Höhe, meist Epiphyt.
Merkmale: Stammlose, 30 bis 50 cm hohe Rosetten aus 15 bis 20 etwa 60 cm langen, 6 bis 8 cm breiten Blättern mit feinen braunen welligen Querbändern, unterseits schuppig punktiert.

Die 12- bis 15blütigen einfachen Ähren sind kopfig gestaucht, der aufrechte Schaft mit dachziegelartig angeordneten breit elliptischen, zugespitzten, rosafarbenen Hochblättern überragt die Blätter kaum. Die ähnlich geformten rosa-orangefarbigen Deckblätter sind kürzer als die 2,5 bis 4,5 cm langen gelben Kelchblätter. Die gelblich-weißen, 3,5 cm langen Blütenblätter sind bis auf das obere Drittel miteinander verwachsen.
Wegen ihrer schönen Blattzeichnung gehört G. MUSÁICA zu den Bromelien, die auch nichtblühend als Schmuckpflanzen verwendet werden.

GUZMÁNIA SANGUÍNEA (André) André   1879

Name: sanguíneus = blutrot; er bezieht sich auf die Färbung der inneren Rosettenblätter zur Blütezeit.
Heimat: Kostarika, Trinidad, Ekuador, Kolumbien; als Epiphyt von der Ebene bis zu 1 000 m aufsteigend.
Merkmale: Breite, bis zu 20 cm hohe, dichte Rosetten aus scharf zugespitzten, etwa 30 cm langen, 3 bis 4 cm breiten Blättern. Die inneren Rosettenblätter sind kürzer und zur Blütezeit leuchtend rot oder rot-gelb und grün gefleckt. Der 7- bis 12blütige einfache Blütenstand ist in die Rosette eingesenkt. Die gelben, etwa 6 cm langen, aufrechten Blüten überragen die dünnhäutigen Deckblätter. Die Blütenblätter sind im oberen Teil frei und spreizen sich ab, der kurze Kelch ist an der Basis verwachsen.

Wegen der buntgefleckten oder leuchtendroten Blattfärbung in der unmittelbaren Umgebung des relativ unauffälligen Blütenstandes gehört G. SANGUÍNEA zur Blütezeit zu den schönsten Bromelien. Die Blattfärbung verblaßt aber bald.

NEOREGÉLIA L. B. Sm.

Neoregelie
Unterfamilie: BROMELIOÍDEAE
Name: Die Gattung wurde 1890 von dem schwedischen Botaniker Carl Lindman als REGÉLIA beschrieben und dem in Gotha geborenen Direktor des Botanischen Gartens in Petersburg, Eduard von Regel (1815 bis 1892), gewidmet. Der Name REGÉLIA war aber bereits für ein Myrtengewächs vergeben. Der nordamerikanische Bromelienspezialist Lyman B. Smith benannte die Gattung deshalb 1934 als NEOREGÉLIA.
Heimat: Ostbrasilien, Ostkolumbien, Ekuador und Ostperu.
Von den etwa 40 Arten der Gattung kommen die meisten als Epiphyten, seltener als Bodenpflanzen in den ostbrasilianischen Regenwäldern vor.
Viele Neoregelien wurden zu beliebten Zimmerpflanzen, weil ihre Hochblätter, die durch die Stauchung des Blütenstandsschaftes sich den Roset-

tenblättern unmittelbar anschließen, während der Blütezeit leuchtend violett, blau oder weiß gefärbt sind; diese Färbung dauert monatelang an. Trotz ihrer grünen Blätter sind Neoregelien für lufttrockene Räume geeignet. Heute gibt es viele Ausleseformen. Die meist am Rand bestachelten Blätter sind wie die von AECHMÉA oben gerundet, besitzen eine kurze Stachelspitze und bilden breite Trichter oder enge Röhren. Der Blütenstand ist in der Rosettenmitte eingesenkt und der Schaft der einfachen oder selteneren zusammengesetzten Trauben gestaucht. NEOREGÉLIA legt die Blütenstände unter Wasser an; sie werden ebenso wie die der meisten NIDULÁRIUM-Arten als nistend bezeichnet. Die Blütenblätter sind zu einer Röhre verwachsen, die Staubblätter eingeschlossen und ihre Filamente den Blütenblätter ansitzend. Aus dem unterständigen Fruchtknoten entwickeln sich Beeren.

Neoregelien sind verhältnismäßig unempfindlich. Sie wachsen gut an einem hellen, im Winter sonnigen, im Sommer leicht schattierten Standort und vertragen die übliche Zimmertemperatur gut. Günstig sind etwa 20 °C, eine Absenkung auf 14 °C wird noch vertragen.

Die relative Luftfeuchtigkeit sollte bei etwa 60 Prozent liegen. Eine gute Blattfärbung wird nur bei hellem Stand erzielt, deshalb ist Zusatzlicht in den Wintermonaten günstig, es ist aber nicht unbedingt erforderlich.

Dem lockeren, durchlässigen Pflanzsubstrat können halbverrottete Lauberde, Sphagnum, Torf und Sand zugesetzt werden. In der Zisterne muß stets Wasser stehen.

Vermehrt wird durch die oft reichlich gebildeten Kindel, die erst abgetrennt werden, wenn sie bereits Wurzeln gebildet haben. Durch Handbestäubung kann auch Samen angesetzt werden, der möglichst frisch ausgesät wird.

NEOREGÉLIA AMPULLÁCEA (E. Morr.) L. B. Sm. 1880

Name: ampulláceus = ampullenförmig; er bezieht sich auf die kleinen ampullenförmigen Rosetten.
Heimat: Brasilien (Staat Rio de Janeiro).
Merkmale: Stammlose Rosetten aus wenigen Blättern, die mit ihren breiten, löffelförmigen Scheiden einen etwa 10 cm hohen Trichter mit einem Durchmesser von 2 bis 3 cm bilden, der nach oben und unten schmaler wird. Die etwa 1,5 cm breiten Blattspreiten mit gezähntem Rand sind zurückgebogen und unterseits rötlich braun gefleckt oder gebändert. Die wenigblütigen, kopfigen Blütenstände sind so tief in die Rosette eingesenkt, daß sie mit ihren etwa 2 cm langen blauen Blüten und den grünen Kelchblättern kaum sichtbar sind.

N. AMPULLÁCEA bildet an langen, von schuppenförmigen Niederblättern besetzten Ausläufern zahlreiche Erneuerungssprosse. Diese ergeben zusammen mit der Mutterpflanze, die nach der Blüte nicht sofort abstirbt, vor allem ausgepflanzt sehr schöne Gruppen. Sie können auch in Schalen gehalten werden.

NEOREGÉLIA CAROLÍNAE (Beer) L. B. Sm.

Name: vermutlich vom Vornamen Caroline abgeleitet.
Heimat: Brasilien (Staat Rio de Janeiro).
Merkmale: Stammlose, breittrichterige Rosetten aus 12 bis 15 bis zu 40 cm langen und 3 cm breiten Blättern mit dichter Randbestachelung. Die kahlen, beiderseits glänzend grünen Rosettenblätter mit oft rötlich violetten Spitzen gehen in die leuchtend roten Hochblätter über, wobei die inneren Rosetterblätter bereits eine entsprechend gefärbte Zone besitzen und meist bläulich schimmern.
Die bis 4 cm langen violetten Blüten sind in nistenden Blütenständen mit unauffälligen Deckblättern angeordnet. Ihr Kelch ist unten nur kurz verwachsen, die zugespitzten Blütenblätter dagegen bis zur Mitte.
Wegen der sehr schönen Blattfärbung wird N. CAROLÍNAE häufig kultiviert. Die Sorte 'Tricolor' ist noch attraktiver. Ihre Blätter sind rötlich getönt und besitzen gelblichweiße Längsstreifen. Eine intensive Färbung entsteht nur an hellen Standorten.

NEOREGÉLIA CONCÉNTRICA (Vell.) L. B. Sm. 1825

Name: concéntricus = zusammengedrängt; er bezieht sich auf den kopfigen Blütenstand.
Heimat: Brasilien (Staat Rio de Janeiro).
Merkmale: Stammlose, flach ausgebreitete, 70 bis 90 cm große Trichterrosetten aus 13 bis 14 cm langen und 9 bis 10 cm breiten, bis 30 cm langen Blattspreiten. Diese sind breitlineal geformt mit breitgerundeter, bestachelter Spitze und schwarzen, bis 4 mm langen Randstacheln. Ihre dunkelgrünen Oberseiten weisen häufig lila Flecken auf, die Unterseiten graue, angedrückte Schuppenhaare. Die inneren Blätter färben sich zur Blütezeit lila. Der einfache, vielblütige, bis 7 cm breite Blütenstand steht in der Blattrosette. Seine etwa 7 cm langen blaßblauen, unten weißen Blüten stehen in bis 5 cm langen dünnen grünen Deckblättern. Sie sind deutlich gestielt, der abgeflachte weiße Stiel wird 1,5 cm lang.
N. CONCÉNTRICA ist eine Art, die auch ohne Blüten durch ihre sehr langen, schwarzen Stacheln auffällt und sich gut in zentralbeheizten Räumen hält.

Allerdings braucht sie einen freien Stand, also viel Platz, wenn sie sich gut entwickeln soll. Auch einige Varietäten werden kultiviert, die sich durch Farbabweichungen unterscheiden: var DAEMONIÓRUM E. Morr. mit gelblich grünen, braungefleckten Innenblättern und var. PLUTÓNIS E. Morr. mit tiefvioletten Innenblättern.

NIDULÁRIUM Lem.

Nidularie, Nestrosette
Unterfamilie: BROMELIOÍDEAE
Name: lateinisch nídulus = Nestchen.
Heimat: Ostbrasilien.

Der belgische Gärtner Charles Antoine Lemaire beschrieb 1854 diese Gattung. Da die Blütenstände die Blattrosetten nur selten überragen, wird die Ableitung des Namens von nídulus = Nestchen verständlich. Es gibt etwa 30 Arten der Nestrosetten, die den ostbrasilianischen Regenwäldern entstammen.

Ihre Blütenstände sind ebenso wie die der ihr ähnlich sehenden Neoregelie von lebhaft gefärbten Hochblättern umgeben. Die Blätter sind aber oberhalb der Scheide meist deutlich verschmälert und laufen spitz aus. In dem zusammengesetzten rispigen Blütenstand sitzen 3 bis 7 Blüten in den Ach-

Blütenstände als Unterscheidungsmerkmal: einfacher Blütenstand bei NEOREGÉLIA (links), zusammengesetzter Blütenstand bei NIDULÁRIUM mit Einzelblüten in den Achseln von Hochblättern (rechts)

seln eines Tragblattes. Der Blütenrand erhebt sich nur selten über die Blattrosette, z. B. bei N. BILLBERGIOÍDES. Die oben gerundeten freien Abschnitte der unten zu einer Röhre verwachsenen Blütenblätter stehen aufrecht. Bei NEOREGÉLIA sind sie spitz und horizontal ausgebreitet. Die Staubblätter sind ebenfalls mit den Blütenblättern verwachsen, aus dem unterständigen Fruchtknoten entwickelt sich eine Beere.

Von einigen besonders dekorativen Arten wurden Formen ausgelesen, die heute häufig kultiviert werden und in den Sammlungen weit verbreitet sind. Die Kulturansprüche entsprechen denen von NEOREGÉLIA: Sie sollten in einem groben, durchlässigen Pflanzsubstrat hell stehen, vertragen aber volle Sonne nicht gut. Sämlinge blühen häufig schon im zweiten Jahr. Kindel wachsen schnell zu dekorativen Pflanzen heran.

NIDULÁRIUM BILLBERGIOÍDES (Schult. f.) L. B. Sm. 1825

Name: billbergioídes = der Gattung Billbérgia ähnlich.
Heimat: Brasilien (Staaten Bahia, Rio de Janeiro, São Paulo, Santa Catarina sowie Distrito Federal).
Merkmale: Stammlose Pflanzen mit lockeren, etwa 40 cm großen Rosetten aus zahlreichen Blättern mit ovalen, 8 bis 10 cm langen und 5 bis 6 cm breiten, braunbeschuppten Scheiden. Die 20 bis 40 cm langen, im Ansatz nur 2 bis 3 cm breiten, grünen Blattspreiten verbreitern sich in der Mitte und laufen in eine schmale Spitze aus. Ihr Rand ist mit kurzen, grünen Stacheln besetzt.

An dem bis 25 cm langen, aufrechten grünen Schaft sitzen ein bis zwei den Blättern ähnliche, aber kleinere grüne Hochblätter. Der etwa 8 cm breite Blütenstand wird über die Rosette hinausgeschoben. Er besteht aus fünf bis zehn wenigblütigen, sitzenden Ähren, die kopfig zusammengedrängt sind. Die 6 bis 7 cm langen, dreieckig zugespitzten Tragblätter umhüllen den Blütenstand. Sie sind zitronengelb mit grünen Spitzen und feinbestacheltem Rand und vergrünen nach dem Abblühen. Die dünnen, unauffälligen Deckblätter sind kürzer als die grünlichen, unten verwachsenen Kelchblätter und die etwa 2 cm langen aufrechten weißen Blütenblätter.

NIDULÁRIUM INNOCÉNTII Lem. 1855

Name: innocéns = der Unschuldige; er bezieht sich auf die weißen Blüten.
Heimat: Brasilien (Staaten Espírito Santo, Rio de Janeiro, São Paulo, Paraná, Santa Catarina sowie Distrito Federal).
Merkmale: Stammlose, bis 60 cm

breite Trichterrosetten aus zahlreichen Blättern mit 10 bis 13 cm langen, 7 bis 9 cm breiten, braun beschuppten Scheiden. Die 20 bis 25 cm breiten, schwertförmigen Blattspreiten sind im Ansatz wesentlich schmaler. Sie verbreitern sich von 3 cm an der Basis auf etwa 5 cm und sind auf der Oberseite glänzend dunkelgrün bis rötlich, auf der Unterseite tief lilarot gefärbt. Ihr Rand ist fein bestachelt.

Die nistenden Blütenstände fallen auf durch die ebenfalls gezähnten, im oberen Teil leuchtend roten, braun beschuppten Tragblätter, welche die in ihren Achseln sitzenden 4- bis 6blütigen Ähren überragen. Die dünnhäutigen Deckblätter sind unauffällig und fast so lang wie die an der Basis verwachsenen, 2 bis etwa 3 cm langen blaßroten Kelchblätter. Die über 5 cm langen weißen Blütenblätter sind an der Basis grün gefärbt.

Von der sehr formenreichen Art wird vor allem die Sorte 'Erubescens' mit intensiv purpurfarbenen Blattunterseiten in Kultur genommen sowie die ihr nahestehende von Mez 1913 nach bereits kultivierten Pflanzen beschriebene NIDULÁRIUM LINEÁTUM mit etwa 40 cm langen, dünnen grünen Blättern mit zahlreichen weißen Längsstreifen. Sie wurde von L. B. Smith als Varietät zu der hier behandelten Art gestellt.

TILLÁNDSIA L.

Tillandsie
Unterfamilie: TILLANDSIOÍDEAE
Name: Die Gattung wurde von Linné 1753 nach dem schwedischen Professor der Botanik Elias Tillands (1640 bis 1693) benannt.
Heimat: Süd- und Mittelamerika bis in den südlichen Teil Nordamerikas.

TILLÁNDSIA ist mit mehr als 400 Arten die artenreichste Bromeliengattung, die in subtropischen und tropischen Gebieten im immerfeuchten Regenwald, im kühleren Bergland und in Trockengebieten vorkommt. Meistens handelt es sich um epiphytisch wachsende Arten. Sie besiedeln aber auch Felsen oder kommen terrestrisch vor. Vom Habitus der Pflanzen kann man auf die heimatlichen Standortbedingungen schließen. Ihre meist schmalen Blätter sind stets ganzrandig, nie gezähnt oder bestachelt, aber stets dicht mit Schuppenhaaren besetzt. Dadurch sehen sie silbergrau oder weiß aus.

Im Gegensatz zu der sehr nahe verwandten Gattung VRÍESEA, deren Blütenblätter an der Basis Schüppchen tragen, sind bei der Gattung TILLÁNDSIA die Blütenblätter nicht miteinander verwachsen, sondern völlig frei, und die Basis ist ohne Schüppchen. Die Blüten sind in einfachen oder zusammengesetzten Ähren angeordnet und sitzen in den Achseln oft auffallend gefärbter Deckblätter.

Der oberständige Fruchtknoten bildet eine Kapselfrucht aus. Die Samen sind mit unten ansitzenden Haarkronen versehen, die in der Kapsel gerade – nicht gefaltet – eingebettet sind. Der überwiegende Teil der Tillandsien besitzt harte, silbrig beschuppte Blätter. Diese Arten lassen sich ohne Schwierigkeiten an kleinen Ästen (Rebstöcke) oder am Epiphytenstamm kultivieren. Entscheidend für den Erfolg ist die Luftfeuchtigkeit, die aber zeitweise absinken kann. Es ist möglich, diese Tillandsien während der Sommermonate an einem geschützten Platz im Garten oder auf dem Balkon aufzuhängen. Dabei ist es allerdings ratsam, während der prallen Mittagssonne für eine schwache Beschattung zu sorgen.

Eine besondere Gruppe dieser Gattung stellen die Zwiebeltillandsien dar. Sie kommen in ausgesprochenen Trockengebieten vor und können ohne Schwierigkeiten zusammen mit Kakteen kultiviert werden.

Silbrig beschuppte Tillandsien mit weichen Blättern benötigen viel Licht und gleichbleibende Kulturbedingungen: hohe Luftfeuchtigkeit, mäßige Ballenfeuchtigkeit und nur geringe Temperaturschwankungen. Grüne, weichblättrige Arten stammen aus den Regenwäldern, beanspruchen also einen schattigen, warmen Standort mit hoher Luftfeuchtigkeit und gleichmäßiger Ballenfeuchtigkeit. Grüne, hartblättrige Tillandsien vertragen mehr Licht und größere Schwankungen von Temperatur und Luftfeuchtigkeit, dürfen aber nie ballentrocken werden.

Alle Tillandsien werden bei Temperaturen um 20 °C gehalten. Bei den Arten aus höheren Berglagen hat es sich bewährt, die Nachttemperaturen stärker abzusenken.

Die Anzucht dieser interessanten, vielgestaltigen Pflanzengruppe aus Samen oder Kindeln wurde in den entsprechenden Abschnitten besonders herausgestellt (s. Seite 38 und 42 f.).

TILLÁNDSIA ARAÚJEI
Mez 1894

Name: nach dem brasilianischen Fluß Arauja benannt.
Heimat: Brasilien.
Merkmale: Die 15 bis 30 cm langen Stämmchen sind dicht mit spiralig angeordneten, 5 bis 6 cm langen Blättern besetzt, deren 1,5 cm breite und 1 cm lange Scheiden den Stamm umfassen. Die schmalen linealen bis lanzettlichen, starren grünen Blattspreiten sind an der Basis nur 5 bis 6 mm breit, die Ränder aufgebogen. Sie sind dicht mit grauen Schuppenhaaren besetzt.

Der 4 bis 5 cm lange Blütenstand – eine 5- bis 10blütige Ähre mit dünnhäutigen Deckblättern – beendet den mit dachziegelartig anliegenden, oval-lanzettlichen Hochblättern besetzten,

6 bis 9 cm langen Schaft. Die weißen, etwa 2 cm langen, aufrechtstehenden Blüten sind spiralförmig angeordnet, die Hochblätter kürzer als die Deckblätter.

Die formenreiche Art wächst epiphytisch auf Bäumen und an Felsen. Sie ist nicht sehr anspruchsvoll, wenig empfindlich und leicht zu vermehren. Deshalb ist sie für den Anfänger als Ausgangspunkt für eine Sammlung geeignet.

TILLÁNDSIA CYÁNEA
Lind. 1867

Name: cyáneus = kornblumenblau; er bezieht sich auf die kornblumenblaue Färbung der Blüten.
Heimat: Ekuador.
Merkmale: Stammlose, etwa 40 cm breite, dichte Rosetten aus zahlreichen Blättern mit schmal-dreieckigen, langzugespitzten, bis 35 cm langen, 1 bis 2 cm breiten, dunkelgrünen, wenig beschuppten Blättern mit aufgebogenen Rändern, in Scheidennähe rotgestreift.

Der aufrechte, bis 15 cm hohe grüne Schaft ist dicht dachziegelartig mit aufrechten grünen, wenig beschuppten Hochblättern besetzt. Der elliptische, schwertförmige, bis 16 cm lange und 7 cm breite Blütenstand – eine Ähre – besteht aus 20 großen, einfarbig dunkelblauen Blüten. Die dicht dachziegelartig in zwei Reihen angeordneten, rosa oder roten, bis 5 cm langen Deckblätter sind länger als die Kelchblätter. Die Blütenblätter enden in einer ausgebreiteten, 2 bis 3 cm langen und etwa 2 cm breiten Platte.

T. CYÁNEA wächst in der Heimat epiphytisch in Höhen zwischen 600 und 1000 m. Sie wird seit langem kultiviert und ist in vielen Ausleseformen weit verbreitet. Man hält sie halbschattig und mäßig feucht als Topfpflanze oder auch an Epiphytenstämmen.

T. CYÁNEA var. TRÍCOLOR (André) L. B. Sm. ist durch breitlängliche, reichblütige Schwerter und die blauen Blütenblätter mit einem weißen Fleck an der Basis gekennzeichnet. Sie kann ebenso wie T. CYÁNEA selbst leicht mit T. ÁNCEPS Lodd. oder T. LINDÉNII Rgl. verwechselt werden, wenn die Pflanzen nicht blühen. T. ÁNCEPS besitzt kleine blaßblaue, T. LÍNDENII große, tiefblaue Blüten mit einem weißen Auge im Zentrum. Die Art kann von T. CYÁNEA var. TRÍCOLOR durch die verlängerten Schäfte unterschieden werden, die bei T. CYÁNEA meist tiefer in der Blattrosette stehen. Die Kulturansprüche sind gleich.

TILLÁNDSIA TENUIFÓLIA
L. 1753

Name: tenuifólius = dünnblättrig; er bezieht sich auf die schmalen Blätter.

Heimat: Venezuela, Kolumbien bis Nordargentinien, Karibische Inseln.
Merkmale: Bis zu 25 cm hohe, mit sehr harten, aufrechten, spiralig angeordneten grünen Blättern. Die schmalen, linealen, angedrückten, grau beschuppten, 4 bis 13 cm langen Blattspreiten mit aufgebogenen Rändern sind über der Scheide nur 2 bis 7 cm breit.
Der aufrechte Schaft wird von den ovalen Scheiden der Hochblätter umhüllt, die in eine kurze, graubeschuppte grüne oder rosa bis rote Spreite auslaufen. Die oberen roten Hochblätter bilden keine Spreite mehr aus und sind kahl. Der einfache Blütenstand besteht aus spiralig angeordneten, etwa 3 cm langen blauen oder weißen Blüten, die in Achseln von ovalen, leicht beschuppten rosa oder roten Deckblättern mit kurzer Spitze stehen. Die Deckblätter sind länger als die lanzettlichen Kelchblätter.

T. TENUIFÓLIA wächst epiphytisch auf Bäumen oder an Felsen zumeist in dichten Rasen. Sie ist anspruchslos und sehr widerstandsfähig und gedeiht gut, wenn sie sonnig, hell und mäßig feucht gehalten wird. Deshalb ist sie für den Anfänger besonders geeignet. Ohne Blüten ist sie T. BÉRGERI Mez und T. AERÁNTHOS (Loisel.) L. B. Sm. sehr ähnlich und wird leicht mit diesen beiden Arten verwechselt, die in der Kultur ähnlich hart und anspruchslos sind.

TILLÁNDSIA VERNICÓSA
Bak. 1887

Name: vernicósus = wie Firnis glänzend; er bezieht sich auf die glänzenden roten Deckblätter.
Heimat: Bolivien, Argentinien, Paraguay.
Merkmale: Meist stammlose oder nur einen kurzen Stamm bildende, blühend etwa 35 cm hohe Pflanzen mit fast aufrechten Blättern, die zu einer Rosette vereinigt sind. Die harten, stumpfgrünen, dicht mit grauen, angedrückten Schuppenhaaren besetzten Blätter werden bis 35 cm lang und sind über der Scheide 1,5 bis 2 cm breit. Sie sind schmal-lineal mit aufgebogenen Rändern.

Der aufrechte, schlanke Schaft kann 25 cm lang werden. Er wird von den Scheiden der dachziegelartig angeordneten Hochblätter umschlossen, deren kurze grüne oder rötliche Spreiten fast aufrecht stehen. Der Blütenstand ist aus 5 bis 10 dicht stehenden Ähren zusammengesetzt, deren etwa 1,5 cm lange, glänzend rote Deckblätter dachziegelartig zweizeilig angeordnet sind.

Die Tragblätter der Teilblütenstände gleichen den Hochblättern, sind aber viel kürzer als die bis 10 cm langen und 1 cm breiten, etwa 20blütigen Ähren. Die breiten Kelchblätter überragen die Deckblätter leicht; die Spitzen der etwa 2,5 cm langen Blütenblätter sind zurückgeschlagen.

T. VERNICÓSA kommt als Epiphyt in
den Trockengebieten ihrer Heimatländer
vor. Sie ist sehr anpassungsfähig
und kann an einem hellen, sonnigen
Standort bei geringen Wassergaben
gute Wuchsleistungen erreichen.
Sie ist dem Anfänger zu empfehlen.

VRÍESEA Lindl.

Vriesea
Unterfamilie: TILLANDSIOÍDEAE
Name: Die Gattung wurde 1843 von
dem englischen Botaniker und langjährigen
Sekretär der Royal Horticultural
Society John Lindley (1799 bis
1865) begründet und nach dem holländischen
Professor der Botanik W. H.
De Vries (1807 bis 1862) benannt.
Heimat: Brasilien; einige Arten sind
über ganz Mittel- und Südamerika
verbreitet.
 Vrieseen wachsen meist epiphytisch.
Von den bis jetzt beschriebenen
annähernd 250 Arten werden nur wenige
kultiviert. Mehrere Arten wurden
allerdings als Kreuzungspartner
für Neuzüchtungen verwendet.
 Dem äußeren Erscheinungsbild
nach gleichen viele Vrieseen den Tillandsien
so sehr, daß sie schwer zu unterscheiden
sind. Wesentlich für die
Abgrenzung sind die Schüppchen an
der Basis der Blütenblätter. Deshalb
wurden viele Vrieseen zunächst als
Tillandsien beschrieben. In der Spezialliteratur
sind diesen Arten aus

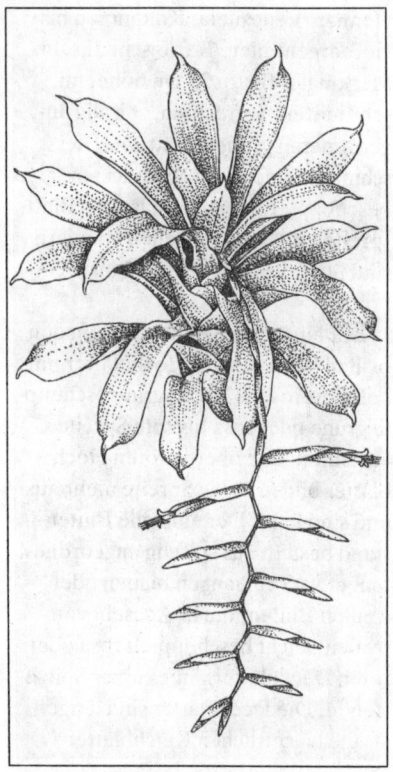

Blattrosette mit gestauchter Sproßachse
und aus der Zisterne herausragendem
Blütenstand bei VRÍESEA SCALÁRIS

diesem Grunde viele Synonyme zugeordnet.
 Ihre stets ganzrandigen, oft grau
oder grün beschuppten Blätter sind
meist rosetten- oder trichterförmig angeordnet.
Die Blütenstände bestehen
aus einem blattlosen Schaft und oft
zweischneidigen Ähren mit lebhaft
gefärbten Deckblättern. Die gelben,

weißen oder lauchgrünen Blütenblätter sind dicht über dem Grund verwachsen oder stehen frei. Auf ihrer Innenseite befinden sich an der Basis zwei Schüppchen. Der oberständige Fruchtknoten ist manchmal leicht eingesenkt und entwickelt sich zu einer Kapsel. Die Flughaare der Samen liegen in der Regel gerade, nicht gefaltet.

Die Kultur kann am Epiphytenstamm oder im Topf erfolgen. Grün- und buntblättrige Vrieseen werden so gehalten wie die grünen Tillandsien oder Guzmanien: halbschattig und feucht bei Temperaturen von 18 bis 22 °C. Der Trichter sollte stets mit Wasser gefüllt sein. Bei zu starker Sonnenbestrahlung können in den Sommermonaten Blattverbrennungen auftreten.

Dagegen stellen die grauen Vrieseen höhere Ansprüche an das Licht und werden deshalb in den oberen Bereich des Epiphytenstammes gepflanzt. Ihre Feuchtigkeitsansprüche sind den grauen Tillandsien gleichzusetzen. Sie benötigen nur geringe Wassergaben und vertragen Schwankungen der Luftfeuchtigkeit und der Temperatur.

Eine zusätzliche Belichtung während der Wintermonate fördert vor allem das Wachstum der Jungpflanzen. Günstig ist eine Dauer von 14 bis 16 Stunden bei einer Belichtungsstärke von 100 Watt/m². Die Blütezeit kann durch Chemikalien gesteuert werden. Einige Arten sind gegen Pflanzenschutzmittel empfindlich. Nach einer Schädlingsbekämpfung ist es besser, die Trichter auszugießen und mit sauberem Wasser zu füllen.

VRIÉSEA FENESTRÁLIS
Lind. et André 1875

Name: fenestrális = fensterartig, gitterartig durchbrochen; er bezieht sich auf die gitterartige Blattzeichnung.
Heimat: Brasilien.
Merkmale: Große Trichterrosetten aus etwa 9 bis 10 cm breiten und ebenso langen Blattscheiden mit schmaleren, bis zu 40 cm langen und 6 bis 7 cm breiten Blattspreiten. Die Scheiden sind an der Basis braun gefärbt, die gelbgrünen Spreiten oben dunkelgrün geadert und unten oft rot punktiert; der bis zu 50 cm lange Schaft ist aufrecht und trägt etwa 30 cm lange zweizeilige Ähren mit grünen, gefleckten Deckblättern und hellgelben Blüten, die sich nachts entfalten.

Die Temperatur sollte im Winter möglichst nicht längere Zeit unter 18 °C absinken. Wegen der gitterartigen Blattzeichnung sind die Pflanzen während ihrer gesamten Entwicklung sehr dekorativ. Blütenstände werden unter Wohnraumbedingungen kaum angelegt.

VRIÉSEA PSITTÁCINA (Hook.) Lindl.

Name: psittácinus = papageienfarbig; er bezieht sich auf die bunten Deckblätter und Blüten.
Heimat: Brasilien, Paraguay.
Merkmale: Lockere Rosetten von 50 bis 60 cm Durchmesser aus bauchigen Blattscheiden mit bis zu 40 cm langen, schmalen, glänzendgrünen Blattspreiten. Der bis zu 35 cm lange aufrechte Schaft ist mit anliegenden, roten, grünspitzigen Hochblättern besetzt und endet in einer bis 30 cm langen und 8 cm breiten zweizeiligen Ähre mit locker angeordneten bunten Deckblättern und bis zu 6 cm langen Blüten mit gelben Kelch- und grünen Blütenblättern. Die Deckblätter umhüllen die Blüten und sind so lang wie der Kelch. Sie spreizen sich zur Blütezeit ab und sind im unteren Teil des Blütenstandes rot, im oberen Teil orangefarben bis gelblichgrün.

VRIÉSEA SPLÉNDENS (Brongn.) Lem. 1845

Name: spléndens = glänzend, strahlend; er bezieht sich auf den rot glänzenden Blütenstand.
Heimat: Suriname, Venezuela.
Merkmale: Stammlose Pflanzen mit in dichten Rosetten von 30 bis 35 cm Durchmesser angeordneten, 30 bis 60 cm langen, 4 bis 6 cm breiten grünen Blättern, beiderseits rotbraun bis dunkelviolett gebändert.
Dem 30 bis 35 cm langen, aufrechten Schaft liegen rotgebänderte Hochblätter dicht an. Bei dem bis zu 55 cm langen und 5 cm breiten, schwertförmigen Blütenstand – einer zweizeiligen Ähre – sind die aufrecht stehenden, 6 bis 8 cm langen, leuchtend roten, lang zugespitzten Deckblätter dachziegelartig angeordnet.

Aus den gelben Blüten mit bis 8 cm langen, bandartigen Blütenblättern und etwa 2,5 cm langen, rotgespitzten elliptischen Kelchblättern ragen die Staubgefäße heraus.

Diese leicht zu kultivierende Bromelie hat als Handelsware große Bedeutung.

In den letzten Jahrzehnten sind in der Praxis durch Kreuzungen zahlreiche Sorten (VRIÉSEA-Hybriden) entstanden, die sich auszeichnen durch intensive Blattzeichnungen und große Blütenstände, die teilweise sogar verzweigt sind.

Zu starke Sonneneinwirkung läßt die Blattzeichnungen verblassen; deshalb ist während der Sommermonate ausreichend zu schattieren.

10. Wichtige Fachbegriffe von A bis Z

Azetylen- in der Praxis noch üblicher Begriff für Ethin; farbloses, eigentümlich riechendes, narkotisch wirkendes, sehr reaktionsfähiges, mit heißer Flamme brennendes Gas; bei Bromelien zur Blühstimulanz angewandt. (↳ Kalziumkarbid)

Adventivsprosse- aus untypischen Zellen entstehende Sprosse, oft nach Verletzung oder Zerteilung, z. B. Stockausschläge an Stümpfen gefällter Bäume oder Austrieb an abgeschnittenen Stammstücken, Wurzelstücken oder Blättern – sog. Stecklingen – bei der ↳ vegetativen Vermehrung.

Ähre- Blütenstand mit ungestielten Blüten an der gestreckten Hauptachse (s. Abb. Seite 21).

Akropetal- von unten nach oben gerichtete Aufblühfolge.

Andrözeum- Gesamtheit der Staubblätter einer Blüte.

Anthere- Staubbeutel; den Blütenstaub (Pollen) enthaltender Bestandteil des ↳ Staubblattes, aus 2 Pollensackgruppen (Theken) mit je 2 Pollensäcken bestehend.

Applikation- Anwendung.

Art- (= species, Abkürzung sp., für mehrere nicht gesondert aufgeführte Arten spp.) wichtigste taxonomische Einheit, Bezugspunkt für alle anderen Rangstufen im infra- und supraspezifischen Bereich (unter- bzw. oberhalb der Art), umfaßt alle in wesentlichen Merkmalen übereinstimmenden, untereinander kreuzbaren und auf ein bestimmtes Verbreitungsgebiet beschränkte Individuen.

Assimilation- Aufbauprozeß, bei dem aus dem Kohlendioxid der Luft unter Einwirkung von Sonnenenergie und Wasser in grünen Pflanzenteilen Kohlehydrate gebildet werden (↳ Photosynthese).

atypisch- nicht der üblichen Form entsprechend.

basal- am Grunde, an der Basis.

Belichtungsstärke- Verhältnis des Lichtstromes zur Größe der belichteten Fläche mit der Maßeinheit Lux (lx).

Bestäubung- Übertragung von Pollenkörnern auf die Empfängnisstelle der Samenanlagen, bzw. deren Hülle (↳ Stempel).

Blähton- braune Tonkügelchen, die bei einer Temperatur von rund 1 000 °C unter Einblasen von Preßluft gebrannt werden.

Blatt- Laubblatt.

Blattgrund- an die ↳ Sproßachse angrenzender unterer Teil des Blattes, meistens breiter als der Blattstiel.

Blattscheide- Die Sproßachse umschließender Blattgrund, schützt die Achselknospe des Blattes.

Blattspreite- der meist flach ausgebreitete obere Teil des Blattes.

Blattstiel- stielartiger Träger der Blattspreite, kann sie durch entsprechende Wachstumsbewegungen von der Sproßachse fort in günstigere Belichtungsverhältnisse strecken.

Blütenstand- mehrblütiges Sproßsystem, durch Fehlen von ↘ Laubblättern von der vegetativen Region der Pflanze abgegrenzt, enthält ↘ Hochblätter oder ist völlig blattlos. Der blütenlose Abschnitt wird als Schaft bezeichnet.

Blütenstandsachse- Hauptachse des Blütenstandes mit blütentragenden einfachen oder verzweigten Seitentrieben.

Brakteen- reduzierte Blattorgane im Blütenbereich (↘ Deckblatt).

Bromblüte- chemische Substanz mit der Bezeichnung: ß-Hydroxyethylhydroizin, wird zur Blühstimulanz vorwiegend bei Ananas angewandt.

Chelate- stabile Komplexverbindungen, in denen das Zentralatom durch eine oder mehrere mehrzählige Liganden gebunden wird; wichtig für den Stoffwechsel der Pflanzen. Zahlreiche Verbindungen, wie metallhaltige Enzyme, Chlorophyll, Cytochrome und Vitamin B_{12} besitzen Chelatcharakter.

Chlorose- Gelbsucht; mangelhafte Chlorophyllbildung, meistens infolge von Eisenmangel, z. B. durch Festlegung des Eisens in Kalkböden.

Chlorophyll- Blattgrün, Assimilationspigmente, bei den meisten höheren Pflanzen als blaugrünes Chlorophyll a und gelbgrünes Chlorophyll b im Verhältnis 3 : 1 vorhanden.

Chloroplasten- Chlorophyllkörner, Träger der Assimilationspigmente, linsenförmige, leuchtend grün gefärbte Organellen in den grünen Zellen aller höheren Pflanzen.

Deckblatt ↘ Hochblatt, das eine Blüte in seiner Achsel trägt (↘ Braktee).

Diagnose- Erkennung, Feststellung, Beschreibung einer Pflanzenart.

distich- zweizeilig; ↘ wechselständige Anordnung der Blätter in 2 gegenüberliegenden Reihen.

Einheitserde- Erdmischung aus Torf und Ton bzw. Lehm.

Epidermis- Oberhaut; schützende Hülle für die Pflanze, vermittelt aber gleichzeitig Stoffaustausch mit der Außenwelt.

Epitheton- Bestandteil des Artnamen; bezeichnet als Zusatz zum Gattungsnamen die Art (als Adjektiv Kleinschreibung!).

Epiphyten- Überpflanzen, Aufsitzer; auf Bäumen wachsende Pflanzen, die so eine günstigere Belichtung erreichen, die Bäume aber nur als Unterlage benutzen und ihnen keine Nährstoffe entnehmen.

fertil- fruchtbar, zur Samenbildung fähig.

Filament- Staubfaden; Bestandteil des Staubblattes, trägt die ↘ Antheren, deren beide Hälften durch das die Fortsetzung des Staubfadens bildende Mittelband (Konnektiv) verbunden werden.

forma- Form (abgekürzt f.) taxonomische Rangstufe unterhalb der Art, kennzeichnet auffällige Biotypen oder Mutanten.

Fremdbestäubung- Bestäubung zwischen Blüten verschiedener Pflanzen einer Sippe (Allogamie).

Fruchtblatt- die Samenanlage tragender Blütenteil (Karpell).

Fruchtknoten- unterer verdickter Bestandteil des aus einem oder mehreren Fruchtblättern gebildeten ↘ Stempels, enthält die Samenanlagen.

Fruchtknoten, oberständiger- Blütenblätter und Staubblätter befinden sich unterhalb des Fruchtknotens.

Fruchtknoten, unterständiger- Blütenblätter und Staubblätter befinden sich oberhalb des Fruchtknotens.

Fusarium- artenreiche Pilzgattung, enthält zahlreiche Erreger von Fäulnis- und Welkekrankheiten.

Gattung- taxonomische Rangstufe, Gruppe ähnlicher Arten mit grundlegenden gemeinsamen Merkmalen (= genus).

Generative Vermehrung- Anzucht aus Samen.

Gynözeum- Gesamtheit der Fruchtblätter (Karpelle) einer Blüte.

Haftwurzeln- besondere, der Befestigung an den Wirtspflanzen dienende Wurzeln der ↘ Epiphyten.

Hochblatt- einfacher gestaltet und kleiner als das ↘ Laubblatt, am Blütenstand oder unter einer Einzelblüte auf die Laubblätter der vegetativen Phase folgend (↘ Deckblatt, ↘ Tragblatt).

Hydroponik- erdelose Kultur in Nährlösungen.

Hygrometer- Meßgerät zur Erfassung der relativen Luftfeuchte.

Hyphen- Pilzfäden.

imbricat- dachziegelig; ↘ wechselständige, der Sproßachse enganliegende Anordnung der Blätter, so daß die Sproßachse verdeckt wird.

Infloreszenz- Blütenstand.

Kalziumkarbid- in Verbindung mit Wasser entstehen als Reaktionsprodukte Kalziumhydroxid und das gasförmige ↘ Azetylen.

Kapillarität- Haarröhrchenwirkung; durch diese wird das Wasser kürzere oder weitere Strecken emporgesaugt.

Katalysator- chemischer Stoff, der die Geschwindigkeit einer Stoffumsetzung verändert.

Kindel- Erneuerungssprosse, die für die ↘ vegetative Vermehrung abgetrennt werden können.

Klon- vegetative Nachkommenschaft einer ausgewählten Einzelpflanze.

Kolloide- feste und flüssige Stoffe, deren Teilchen in einer flüssigen oder Gasphase verteilt sind.

Kondensation- Verflüssigung von Gasen und Dämpfen.

Kutikula- wachsartiger Überzug der ↘ Epidermis, weniger durchlässig für Wasser und Gase, schränkt schädliche

Wasserverluste durch zu starke Verdunstung ein.
Laubblatt- der Assimilation dienendes Seitenorgan der ↻ Sproßachse, meist grün mit flacher ↻ Blattspreite, im allgemeinen kurz als »Blatt« bezeichnet.
Lignin- Holzstoff, der in der Zellulose der Zellwände eingelagert ist.
Ligulae- kleine Schüppchen am Grunde der Blütenblätter, wichtig für Gattungsabgrenzungen.
Luftfeuchtigkeit, absolute- Wassergehalt der Luft in g/m^3.
Luftfeuchtigkeit, relative- prozentuale Angabe des Wasserdampfgehaltes bezogen auf den Sättigungspunkt (Taupunkt).
Luxmeter- Meßgerät zur Bestimmung der Belichtungsstärke.
Meristem- Bildungsgewebe; bleibt im Gegensatz zu dem speziellen Funktionen dienenden Dauergewebe teilungsfähig, (z. B. Sproßscheitel).
monotypisch- Bezeichnung für eine taxonomische Rangstufe, die nur einen Vertreter der ihr untergeordneten Rangstufe enthält, z. B. eine Gattung mit nur einer Art.
Morphologie- Lehre von der äußeren Gestalt der Pflanzen.
Mutation- aus ungeklärten Ursachen plötzlich im Erbgut auftretende vererbbare Veränderung.
Narbe- oberer, klebriger, meist papillentragender Abschnitt des ↻ Stempels zum Auffangen und Keimen des Pollens; kann durch einen fadenförmigen Griffel in eine für die Bestäubung

günstige Lage gebracht werden.
Nektar- zuckerreiche Blütenabsonderung aus besonderen Drüsen (Nektarien) zum Anlocken der Insekten.
Nomenklatur- Lehre von der Benennung der Pflanzen.
Ökologie- Lehre von den Beziehungen zwischen Pflanze und Umwelt.
Osmose- Wanderung eines Lösungsmittels durch eine halbdurchlässige Membran; dabei zieht die stärker konzentrierte Lösung das Lösungsmittel (Wasser) der schwächeren an.
Osmunda- Farngattung mit schwer zersetzbaren Wurzeln; der bei uns vorkommende Königsfarn (OSMÚNDA REGÁLIS) steht unter Naturschutz.
panaschiert- buntstreifig.
Perianth- Blütenhülle, umschließt ↻ Staubblätter und ↻ Fruchtknoten.
Perigon- Blütenhülle aus gleichgestalteten Blütenhüllblättern.
Petalen- Kronblätter, Blütenblätter; innere, meist auffällig gefärbte Blütenhüllblätter.
Petrophyt- Sonderform der ↻ Epiphyten, deren Unterlage aufragende Felsen sind.
Photosynthese- ↻ Assimilation des Kohlendioxids in den grünen Pflanzen mit Hilfe des Sonnenlichts, Aufbau von Kohlehydraten.
pH-Wert- Abkürzung für pondus (Gewicht) und Hydrogenium (Wasserstoff), gibt den Säuregehalt einer Flüssigkeit an.
pikieren- Verpflanzen von Sämlingen, um durch größeren Pflanzenabstand

bessere Entwicklungsbedingungen zu erzielen.
Polystyrol- durch Polymerisation von Styrol gewonnener Thermoplast.
Populationszyklus- Ansteigen und Abfall der zahlenmäßigen Populationsstärke bei Tieren in einer zeitlichen Begrenzung.
Primärblätter- Erstlingsblätter; die ersten auf die Keimblätter folgenden Laubblätter, wenn sie einfacher gestaltet sind als die als Folgeblätter bezeichneten, für die Art charakteristischen Laubblätter.
Prioritätsregel- auf einer bestimmten Rangstufe (z. B. ↘ Gattung, ↘ Art) gilt jeweils nur der älteste, für die Beschreibung und Benennung von Pflanzen festgelegten Regeln entsprechende Name (bei Gefäßpflanzen Ausgangspunkt 1. Auflage der »Species Plantarum« von Linné 1753).
Proterandrie- Vormännlichkeit; die Staubblätter der Blüten reifen vor den Narben.
Protoplasma- Substrat aller Lebenserscheinungen bei Pflanzen und Tieren, hochorganisiertes System chemischer Verbindungen (Eiweißkörper, Nucleinsäuren).
Rachis- Hauptachse der Infloreszenz im Bereich der Blüten (auch als Spindel bezeichnet).
radiär- strahlig; Blüte mit mindestens 3 Symmetrieebenen zur Teilung in 2 spiegelbildlich gleiche Hälften; alle an der Blütenachse allseitig angeordneten Blütenblätter sind untereinander im wesentlichen gleichgestaltet.
Reflektor- Hohlspiegel, Rückstrahler.
Regenwald- immergrüner, sehr artenreicher Wald der Tropen und Subtropen in Gebieten mit gleichbleibend hoher Temperatur und hohen Niederschlägen (2000 bis 4000 mm) ohne ausgeprägte Trockenzeiten.
Relais- elektromechanisches Bauelement als Kontaktsystem mit elektromagnetischem Antrieb zum Schalten kleiner Leistungen.
Rhizom- Wurzelstock; unterirdischer oder an der Erdoberfläche wachsender Speichersproß, meistens bewurzelt; unterscheidet sich von der Wurzel durch Schuppenblätter oder Blattnarben.
Rispe- Blütenstand mit an der Hauptachse angeordneten verzweigten, mehrblütigen Nebenachsen.
Saprophyten- Fäulnisbewohner (z. B. Bakterien und Pilze); benötigen neben anorganischen Stoffen auch unbedingt organische Kohlenstoffverbindungen.
Saugschuppen- zur Wasseraufnahme fähige Schuppenhaare auf Blättern der Bromelien.
Savanne- mit Bäumen durchsetzte tropische oder subtropische Grassteppe mit ausgeprägter Trockenzeit und deutlicher Regenzeit bei gleichmäßig hohen Temperaturen.
Schaft- ↘Blütenstand
Selbstbestäubung- Bestäubung mit dem Pollen derselben Blüte bzw. derselben Pflanze.
Selbststerilität- Selbstunfruchtbarkeit;

blütenbiologische Einrichtung zur Verhinderung der ↣ Selbstbestäubung; Keimung von Pollen der gleichen Pflanze bzw. Pollenschlauchbildung werden verhindert.

Spektrum- durch Lichtzerlegung entstehendes Farbenbild.

Sphagnum- Sumpfmoos; dem Pflanzsubstrat wegen der Fähigkeit, Feuchtigkeit zu speichern, zugesetzt.

Sproßachse- in typischer Ausbildung zylindrisch (»Stengel«), holzig oder krautig, dient der Stoffleitung zwischen Blättern und Wurzeln; durch Ansatzstellen der Blätter und Seitensprosse (Knoten) in blattlose Abschnitte (Internodien) gegliedert.

stagnieren- stocken, stillstehen, stagnierendes Wasser führt zur Versumpfung.

Staubblatt- Pollen (Blütenstaub) enthaltender Bestandteil der Blüte, aus Staubfaden (↣ Filament), Staubbeutel (↣ Anthere) und dem die beiden Staubbeutelhälften verbindenden Konnektiv bestehend.

Stempel- die Samenanlagen schützendes Gehäuse, durch Verwachsung von einem oder mehreren Fruchtblättern an ihren Rändern gebildet; besteht aus ↣ Fruchtknoten und ↣ Narbe, zwischen denen sich meist ein fadenförmiger Griffel befindet.

steril- unfruchtbar.

Subspecies- Unterart (abgekürzt ssp. oder subsp.); taxonomische Rangstufe unterhalb der ↣ Art, bezeichnet meistens geographische oder ökologische Rassen, die durch Übergangspopulationen miteinander verbunden sind.

Substrat- für die Pflanzenkultur als Nährstoffträger verwendete, überwiegend aus festen Bestandteilen bestehende Mischungen unterschiedlicher Zusammensetzung.

Suspension- feste Teilchen, in einer Flüssigkeit fein verteilt.

symmetrisch- Körper (Blatt, Blüte) aus spiegelgleichen Hälften.

Sympodium- Scheinachse; Verzweigungssystem, bei dem die Seitenachsen gegenüber der Hauptachse gefördert werden, wobei die Hauptachse ihr Wachstum einstellen kann.

Synonym- Nebenname; jüngere Namen für die gleiche Sippe.

Taxonomie- Lehre von der Abgrenzung und Gruppierung der Pflanzensippen.

terrestrisch- in der Erde wurzelnd.

Thermostat- auf die temperaturabhängige Ausdehnung eines Mediums reagierende Schalteinrichtung zur Temperaturregelung.

Tragblatt- Blatt, das in seiner Achsel einen Seitensproß trägt; ist innerhalb des Blütenstandes hochblattartig verkleinert und vereinfacht.

Transpiration- Wasserabgabe durch Verdunstung an nicht wasserdampfgesättigte Luft, vor allem durch die Spaltöffnungen, aber auch durch ↣ Epidermiszellen.

Traube- Blütenstand mit unverzweigten Blütenstielen, die längs einer

Hauptachse entspringen (s. Abb. Seite 20).
Varietät- (varietas, abgekürzt var.), taxonomische Rangstufe unterhalb der Art, heute nur noch selten – z. B. für die Unterteilung von Unterarten – angewendet.
Vegetationsgebiet- Teil der Erdoberfläche, der durch bestimmte Vegetationskomplexe, d. h. ein für die Mannigfaltigkeit der biologischen Umwelteinwirkungen in diesem Gebiet charakteristisches Gefüge von Pflanzengesellschaften, gekennzeichnet ist.
Vegetationskegel- den Vegetationspunkt umgebende ± kegelförmig angeordnete Zellen an den Enden des Pflanzenkörpers; Zone des Teilungswachstums, das vom Vegetationspunkt ausgeht.
Vegetative Vermehrung- ungeschlechtliche Vermehrung, Entstehen neuer Pflanzen aus Körperzellen (Kindel).
wechselständig- Blätter an der Sproßachse einzeln in verschiedener Höhe angeordnet.
wirtelig- quirlständig angeordnete Blätter oder Blütenteile, zu dreien oder mehreren in gleicher Höhe rings um die Sproßachse stehend.
Xerophyt- Trockenpflanze; Pflanzen mit ⟩ transpirationshemmenden morphologischen Anpassungen, die wenig Feuchtigkeit benötigen und lange Trockenzeiten ohne Schäden überdauern können.
Zisterne- Behälter zum Sammeln von Regenwasser.
zygomorph- Blüte mit nur einer Symmetrieebene, meistens spiegelbildliche Gleichheit der rechten und linken Blütenhälfte.

11. Tabellen

Tabelle 1

Einteilung der Bromelien nach Licht- und Temperaturansprüchen

Gruppe	Ruheperiode		Vegetationsperiode	
	Temperatur	Licht	Temperatur	Licht
1	18–20 °C	mäßig	20–30 °C	dichter Schatten
2	15–18 °C	reichlich	18–25 °C	Halbschatten
3	12–15 °C	reichlich	15–20 °C	lichter Schatten

Tabelle 2

Geschlechtliche Fortpflanzung einiger Bromelien

Gattung/Art	Geschlechtsreife	Reifungsdauer bis Samenernte, in Monaten	Bemerkung
AECHMÉA spp.	Tagblüher (Vormittags- und Nachmittagsstunden)	5–10	z. T. Selbstbestäubung; Bestäubung mit Schwierigkeiten verbunden; Blüten öffnen sich nur wenig
BILLBÉRGIA spp.	Tagblüher	2–3	Bestäubung problemlos; Stempel und Staubgefäße liegen frei

Geschlechtliche Fortpflanzung einiger Bromelien

Gattung/Art	Geschlechtsreife	Reifungsdauer bis Samenernte, in Monaten	Bemerkung
CRYPTÁNTHUS spp.	Tagblüher	6	Blüten, die sich in den Achseln der Blätter unterhalb der inneren Traube bilden, sind entscheidend für die Befruchtung
GUZMÁNIA spp.	Tagblüher (Mittagsstunden)	10	Selbstbestäubung; äußerst schwierig, Samenansatz zu erzielen
NEOREGÉLIA spp.	Tagblüher (Mittagsstunden)	6	Blühdauer nur wenige Stunden
VRÍESEA SPLÉNDENS	Tagblüher (> 2 Tagen)	8–12	Selbstbestäubung; Samenansatz problemlos

Tabelle 3
Nährlösungskonzentrationen im erdelosen Pflanzenbau

Kindel	Jungpflanzen Zisternenbromelien	< 2 Jahre alte salzempfindliche Bromelien	Ältere Pflanzen > 2 Jahre	Bemerkungen
Anzucht in reinem Wasser; bis zur Bewurzelung in die Zisterne eine 0,05–0,1%ige Nährlösung geben	0,10%ige Nährlösung über die Wurzel und eine 0,10–0,15%ige Nährlösung in die Zisterne geben	0,15–0,2%ige Nährlösung; nur über die Wurzel; entionisiertes Wasser verwenden	0,20–0,25%ige Nährlösung ohne Blattdüngung oder 0,20%ige Nährlösung über die Wurzel und 0,10–0,15%ige Nährlösung in Zisterne bzw. als Blattapplikation geben (kombinierte Düngung)	Nährlösungswechsel 4–6 Wochen, an lichtarmen Standorten oder im Winter geringere Nährlösungskonzentration

Tabelle 4
Erkennen von Kulturfehlern

Symptome	Ursache	Schadbeseitigung
Blätter welken	zu trocken, zu hohe Temperaturen	gießen, mehr sprühen, eventuell kühler stellen
Blätter blaßfarben	Lichtmangel	heller stellen, Zusatzbelichtung

Erkennen von Kulturfehlern

Symptome	Ursache	Schadbeseitigung
Blätter buntlaubiger Pflanzen vergrünen	Lichtmangel, seltener Überdüngung mit Stickstoff	Pflanzen heller stellen, Substrat mit Wasser durchspülen
Blattspitzen braun und trocken	Luft zu trocken	häufiger sprühen, für feuchte Luft sorgen
Blattränder verfärben sich braun	zu häufiges Düngen bzw. zu hoch konzentrierte Düngergaben. Bei salzempfindlichen Bromelien zu hartes Gießwasser	Substrat mit Wasser durchspülen oder umtopfen
Blätter färben sich mehr oder weniger gleichmäßig über die ganze Blattfläche rot	zu hohe Sonneneinwirkung	Schattierung
Blätter welk u. papierartig	zu warm und zu trocken	sprühen, regelmäßiger gießen, vor allem bei hohen Temperaturen Wasser in die Zisterne geben
untere Blätter rollen sich und vertrocknen	Zugluft	einen geschützteren Standort auswählen
langsames Wachstum, keine Blütenentwicklung	Nährstoffmangel	Düngen mit Volldünger, der geringen Stickstoff-, aber hohen Phosphor- und Kalianteil aufweist

11. Tabellen

Symptome	Ursache	Schadbeseitigung
Pflanze wird schwarz und fault an der Basis	zu kalt und zu naß	wärmer stellen, Substrat etwas austrocknen lassen bis sich die Pflanze erholt hat. Danach vorsichtiger gießen. Im fortgeschrittenen Stadium Absterben der Pflanze
Anfänglich gute Blütenentwicklung, die später in Fäulnis übergeht	zu kalt und zu viel Wasser in der Zisterne	Zisterne entleeren und Pflanze wärmer stellen, falls sie sich noch erholen sollte
Pflanzen welken und sterben nach der Blüte ab	natürlicher Vorgang bei Ananasgewächsen	durch Kindelentwicklung Fortbestand gesichert

Tabelle 5
Erkennen von pilzlichen und tierischen Schaderregern

Symptome	Ursache	Bekämpfung
Aussaatflächen in Schalen mit Bildung einer hauchdünnen, sehr zähen Haut auf Torf	Vermehrungspilz (Pilzhyphengeflecht)	Vorbeugend: Aussaatschalen und Substrat sterilisieren Saatgut in schwache Hydroxychinolinsulfatlösung tauchen. Nicht zu dichte Aussaat, vorsichtig gießen, optimale Belichtung, Temperatur und Belüftung. Bekämpfung: Benamyl, Hydroxychinolinsulfatlösung

Symptome	Ursache	Bekämpfung
Blätter von außen nach innen fortschreitend braun, späteres Faulen an der Basis. Blattscheiden vertrocknen und knicken nach unten um und lösen sich von der Rosette.	Fusarium-Welke, besonders bei AECHMÉA FASCIÁTA	Befallene Pflanzen verbrennen. In geschlossenen Räumen Luftfeuchtigkeit etwas reduzieren. Temperaturen über 25 °C begünstigen den Befall. Desinfizieren der Aussaatschalen, des Aussaatsubstrats und des Saatgutes. Bekämpfung mit Benomyl oder Hydroxychinolinsulfat; 0,5 g bis 1 g/l Wasser.
Fraßstellen an den Wurzeln bzw. an der Pflanzenbasis, Schädigung an Jungpflanzen während der ersten Entwicklungsphase	Trauermücken	Austrocknen besiedelter Erde. Madenbekämpfung durch Insektizide.
Welken der Pflanze bei gleichzeitigem Vergilben der Blätter	Wurzelläuse (nur bei erdbewohnenden Gattungen)	Auftreten an Pflanzen, die sehr trocken gehalten werden. Umtopfen, Substrat erneuern und Desinfektion des Wurzelballens.
Blattunterseite und Blattachseln mit Kolonien eines weißen wolligen Gespinstes. Blätter mit gelben bis bräunlich werdenden Saugflecken	Woll- oder Schmierläuse (vorwiegend an glattblättrigen Gattungen)	Schmierläuse mit einem in vergälltem Alkohol getränkten Wattebausch oder mit einem Pinsel betupfen. Kontaktgifte in Sprühdosen. Unzureichende Belüftung, besonders trockene Wärme begünstigen die Vermehrung.

Symptome	Ursache	Bekämpfung
Blätter deformiert, mit grünen Insekten verklebt	Blattläuse (nur selten)	Insektizide aus der Sprühdose
Blätter vor allem an Hauptnerven gelb gesprenkelt, braune, schuppenförmige Insekten an Stengeln und Blattunterseiten. Saugflecken auf der Blattober- oder -unterseite	Schildläuse	Die Schildläuse mit lauwarmem Seifenwasser und einer nicht zu harten Bürste von den Blättern entfernen, danach mit lauwarmem Wasser nachspülen. Handelsübliche Präparate, wie Pflanzenschutzspray, anwenden.
Blätter mit schwarzem Pilzrasen überzogen	Rußtau	Einige Arten der Schildläuse sondern Honigtau ab, der sekundär zur Ansiedlung von Schwärzepilzen führt. Intensive Läusebekämpfung, Abwaschen der befallenen Stelle mit lauwarmem Seifenwasser.
Auf der Blattunterseite feine weiße Gespinste, welche die ganze Pflanze überziehen können. Hellgrünes Aussehen der Blätter, Saugstellen bleiben als braune oder gelbe Pünktchen erkennbar.	Spinnmilben (Rote Spinne)	Bei hohen Temperaturen und zu trockener Luft schnelle Ausbreitung. Gießen bzw. Spritzen mit einem systemisch wirkenden Pflanzenschutzmittel.

Erkennen von pilzlichen und tierischen Schaderregern 117

Symptome	Ursache	Bekämpfung
Fraßspuren an Sämlingen und Blütenknospen sowie Schadstellen durch Abfressen der lebensnotwendigen Saugschuppen	Schnecken	Auslegen von »Schneckentod« oder Aufsammeln der Tiere, besonders während der Abendstunden.

Tabelle 6
Empfehlenswerte Bromelien für Anfänger

Name	Temperaturansprüche	Lichtansprüche	Anmerkungen
ACANTHÓSTACHYS STROBILÁCEA	temperiert	halbschattig	epiphytisch oder terrestrisch zu kultivieren
AECHMÉA FASCIÁTA	temperiert	halbschattig	leicht wachsend, für trockene Räume geeignet
– NUDICAÚLIS	temperiert	halbschattig bis sonnig	dankbarer Blüher
ÁNANAS COMÓSUS	warm	sonnig	Vermehrung durch Fortsetzungssprosse der Früchte
BILLBÉRGIA NÚTANS	kühl	sonnig bis halbschattig	anpassungsfähig, leicht blühend, im Sommer auf dem Balkon oder im Garten möglich
CRYPTÁNTHUS-Arten	warm	halbschattig	leicht vermehrbar
GUZMÁNIA MONOSTÁCHYA	temperiert bis warm	schattig	interessante Art, gute Wuchsleistung
NEOREGÉLIA CAROLÍNAE	warm bis temperiert	halbschattig bis schattig	lebhaft rotgefärbte Herzblätter, schnellwüchsig
NIDULÁRIUM INNOCÉNTII	temperiert	schattig	sehr blühwillig

Bromelien für das offene Blumenfenster

Name	Temperaturansprüche	Lichtansprüche	Anmerkungen
TILLÁNDSIA ARAÚJEI	temperiert	hell	leicht zu kultivierende und robuste Art, anspruchslos
– CYÁNEA	warm	halbschattig	epiphytisch oder im Topf zu kultivieren, nicht zu feucht
– STRÍCTA	warm	leichte Beschattung	schöne blühwillige leicht zu kultivierende Art
– VERNICÓSA	warm bis temperiert	hell, sonnig	sehr robuste Art, geringe Wassergaben
VRÍESEA SPLÉNDENS	warm	schattig	kultiviert werden nur noch Ausleseformen, dekorativ, sicher blühend

Tabelle 7
Bromelien für das offene Blumenfenster

Name	Temperaturansprüche	Lichtansprüche	Anmerkungen
ACANTHÓSTACHYS STROBILÁCEA	temperiert	halbschattig	sehr widerstandsfähig, epiphytisch oder terrestrisch zu kultivieren
AECHMÉA FASCIÁTA	temperiert	halbschattig	leicht wachsend, für trockene Räume geeignet

Name	Temperaturansprüche	Lichtansprüche	Anmerkungen
– FÚLGENS	temperiert	hell bis leichter Schatten	Langtagspflanze, mittlere Luftfeuchte
– MINIÁTA	temperiert	Halbschatten	kleinbleibend
– RACÍNAE	temperiert	halbschattig	kleinbleibend mit mehrfarbigen hängenden Blütenständen
CRYPTÁNTHUS BROMELIOÍDES	warm	leichter Schatten bis sonnig	nur bei ausreichender Belichtung gute Blattausfärbung
NEOREGÉLIA CONCÉNTRICA	warm bis temperiert	sonnig bis halbschattig	für zentralbeheizte Räume geeignet, benötigt viel Platz
TILLÁNDSIA CÁPUT-MEDÚSAE	warm bis temperiert	hell, sonnig	nicht zu feucht kultivieren

Tabelle 8
Bromelien für Pflanzenvitrinen oder geschlossene Blumenfenster

Name	Temperaturansprüche	Lichtansprüche	Anmerkungen
AECHMÉA FILICÁULIS	warm bis temperiert	halbschattig	die einzige AECHMÉA mit langen schlaff herabhängenden Blütenständen, benötigt viel Platz
CRYPTÁNTHUS-Arten	warm	halbschattig bis sonnig	auch für Terrarien geeignet
GUZMÁNIA LINGULÁTA	warm	Sommerbeschattung	benötigt hohe Luftfeuchtigkeit
GUZMÁNIA MONOSTÁCHYA	temperiert bis warm	halbschattig	benötigt hohe Luftfeuchtigkeit
– MUSÁICA	warm	Sommerbeschattung	benötigt hohe Luftfeuchtigkeit
NEOREGÉLIA AMPULLÁCEA	warm bis temperiert	sonnig bis halbschattig	Wasserfüllung in den wenigblättrigen Trichtern sorgfältig kontrollieren
NIDULÁRIUM BILLBERGIOÍDES	warm bis temperiert	sonnig bis halbschattig	zur Blütezeit sehr dekorativ
– FÚLGENS	warm bis temperiert	sonnig bis halbschattig	sehr dekorativ wegen der leuchtend roten Herzblätter
– INNOCÉNTII	temperiert	halbschattig	Epiphyt auf Bäumen und Felsen
TILLÁNDSIA LINDÉNII	temperiert	halbschattig	mäßig feucht

12. Pflanzenverzeichnis

Farbabbildungen im Tafelteil sind mit Abb. gekennzeichnet.

A
ACANTHÓSTACHYS 74
- STROBILÁCEAE 55, 74, 118, 119
AECHMÉA 21, 35, 40, 50, 70, 75
- FASCIÁTA 17, 47, 49, 52, 55, 67, 68, 76
- FERUGINÉA 21
- FILICAÚLIS 120
- fúlgens 50, 119
- MINIÁTA 77, 119
- NUDICAÚLIS 54, 55, 78, 118, Abb. 13
- RACÍNAE 54, 55, 78, 120, Abb. 14
- RECURVÁTA Abb. 12
ÁNANAS 9, 23, 79
- COMÓSUS 38, 55, 67, 68, 80, 118
- NÁNUS 54, 81

B
BILLBÉRGIA 21, 40, 70, 81
- CHLORÁNTHA 81
- NÚTANS 21, 47, 68, 82, 118
- RÓSEA 83
- ZEBRÍNA 81, 83
BROMÉLIA 70
- PÍNGUIN 70
- VITTÁTA 55

C
CANÍSTRUM 83
- LINDÉNII 84

CRYPTÁNTHUS 19, 38, 40, 57, 84, 118, 120
- ACAÚLIS 47
- BEÚCKERI 57, 86
- BIVITTÁTUS 47, 57
- BROMELIOÍDES 57, 86, 120
- FOSTERÁNUS 57, 85, 87
- LACÉRDAE 85
- ZONÁTUS 46, 57, 85, 87

D
DÝCKIA 69

F
FASCICULÁRIA 11

G
GREÍGIA 11
GUZMÁNIA 19, 21, 40, 42, 46, 50, 56, 70, 88
- ANGUSTIFÓLIA 120
- LINGULÁTA 9, 54, 68, 89, 120
- MÍNOR 54, 67, 68, 90
- MONOSTÁCHYA 90, 118, 121
- SANGUÍNEA 37, 51, 91

H
HÉCHTIA 11, 69

N
NEOREGÉLIA 19, 35, 56, 70, 91
- AMPULLÁCEA 92, 121

12. Pflanzenverzeichnis

- CAROLÍNAE 47, 54, 68, 93, 118
- CONCÉNTRICA 47, 55, 93, 120
- NIDULÁRIUM 19, 35, 40, 56, 94
- BILLBERGIOÍDES 95
- FÚLGENS 47, 121
- INNOCÉNTII 47, 55, 68, 95, 118, 121
- LINEÁTUM 96

P
PITCAÍRNIA 69, 70
- FELICIÁNA 11
PSEUDÁNANAS 23
PÚYA 69
- RAIMÓNDII 14, 22, 69

T
TILLÁNDSIA 11, 19, 21, 42, 96
- AERÁNTHOS 99
- ÁNCEPS 98
- ARAÚJEI 18, 97, 119
- BÉRGERI 99
- CAPILLÁRIS 38
- CÁPUT-MEDÚSAE 120

- COMPACTA Abb. 4
- COMPLANÁTA 20
- CYÁNEA 55, 98, 119
- FASCICULÁTA Abb. 2, Abb. 8
- GILLIÉSII 38
- LATIFÓLIA 21, 38
- LÍNDENII 55, 98
- MULTICAÚLIS 19, 56
- PALEÁCEA 12
- RECURVÁTA 38
- TENUIFÓLIA 98
- VERNICÓSA 99, 119
- USNEOÍDES 12, 18

V
VRÍESEA 19, 21, 42, 56, 70, 100
- BLEHERI Abb. 52
- FENESTRÁLIS 19, 55, 101
- HIEROGLÝPHICA 15, 47
- PSITTÁCINA 47, 102
- REGÍNA 16
- SPLÉNDENS 15, 22, 23, 29, 37, 46, 49, 50, 68, 72, 102, 119

13. Literaturverzeichnis

Bonstedt, C. Pareys Blumengärtnerei. Verlag P. Parey, Berlin 1931, Bd. 1
Davidson, W. Der Zimmerpflanzendoktor. Frankh'sche Verlagsbuchhandlung, Stuttgart 1983
Gugenhan, W. Bromelien. Frankh'sche Verlagsbuchhandlung, Stuttgart 1983
Hanselmann, E. Hydrokultur. Verlag E. Ulmer, Stuttgart 1981
Jacob, F.; Jäger, E. J.; Ohlmann, E. Kompendium der Botanik. VEB Gustav Fischer Verlag, Jena 1981
Jessen, H. Botanisches Lexikon. Verlag M. u. H. Schaper, Hannover 1960
Knuth, M. Grundlagen des Zierpflanzenbaus (Fachkunde für die sozialistische Berufsausbildung, Gartenbau). VEB Deutscher Landwirtschaftsverlag, 1. Aufl. 1970
Longman, D. Das große Buch der Hauspflanzen. Verlag Dummer u. Co., Landsberg 1981
Mez, C. Bromeliaceae. In Engler, A., Das Pflanzenreich, Bd. 4, 32, 1956
Rauh, W. Bromelien. 2. Auflage, Verlag E. Ulmer, Stuttgart 1981
Richter, W. Anzucht und Kultur der Bromelien mit besonderer Berücksichtigung der für den Handel wichtigsten Arten. Grundlagen und Fortschritte im Garten- und Weinbau, Heft 76, Verlag E. Ulmer, Stuttgart 1950
Richter, W. Zimmerpflanzen von heute und morgen: Bromeliaceen. Neumann Verlag, Leipzig · Radebeul 1978
Roth. R. u. Vahsholz, S. Orchideen und andere Exoten. Neumann Verlag, Leipzig · Radebeul 1985
Rücker, K. Die Pflanzen im Haus. Verlag E. Ulmer, Stuttgart 1982
Sedlag, U.; Weinert, E. Biogeographie, Artbildung, Evolution. Wörterbuch der Biologie, VEB Gustav Fischer Verlag Jena 1987
Sommer, S. Blumen- und Pflanzenfenster. VEB Deutscher Landwirtschaftsverlag, Berlin 1982
Vareschi, V. Vegetationsökologie der Tropen. Verlag E. Ulmer, Stuttgart 1980
Walter, M. Das Kleingewächshausbuch. Verlag E. Ulmer, Stuttgart 1980
Zander, R. Handwörterbuch der Pflanzennamen. 12. Auflage, Verlag E. Ulmer, Stuttgart 1980

Zeichnungen wurden nach Vorlagen von Longman (1981), Rauh (1981), Röth/Vahsholz (1985), Rücker (1982) angefertigt.

14. Erläuterungen zum Tafelteil

Umschlagfoto: Die formenreiche GUZMÁNIA SANGUÍNEA ist sehr attraktiv. Die Fleckenbildung auf den Blättern beruht auf durchscheinendem Blattgrün.

1 Blick auf einen Epiphytenstamm mit verschiedenen Bromelien.

Bromelien am natürlichen Standort:

2 Auf Ästen hoher Bäume finden Bromelien – hier die robuste, leicht zu kultivierende TILLÁNDSIA FASCICULÁTA – zusammen mit Peitschenkakteen und Orchideen geeignete Standorte.

3 Bromelien in Gesellschaft mit der Königin der Nacht (mit herabhängenden Sproßachsen).

4 In ihren Trichtern können die Bromelien – hier TILLÁNDSIA COMPÁCTA mit hängenden Blütenständen – das herablaufende Regenwasser sammeln.

5 Tillandsien sind so anspruchslos, daß sie sogar auf Telegrafendrähten gedeihen können.

6 Der Schauwert dieser Bromelie aus den Bergregenwäldern Kubas beruht auf prächtig gefärbten Laubblättern.

7 Auch an Säulenkakteen können Tillandsienarten gedeihen.

8 Zu den hier an Palmen wachsenden Epiphyten gehört die weit verbreitete TILLÁNDSIA FASCICULATÁ.

9 Epiphytische Tillandsien werden meist ohne Substrat an Holz befestigt, können aber sogar auf Steinen kultiviert werden.

10 Mit großen rosa Blütenständen ist AECHMÉA FASCIÁTA (S. 76), von der viele Ausleseformen mit schöner Blattzeichnung und langer Blütezeit kultiviert werden, eine unserer bekanntesten und beliebtesten Bromelien.

11 Die lebhaft roten Fruchtstände von AECHMÉA MINIÁTA (S. 77) halten sich monatelang.

12 Die bogig zurückgekrümmten Blätter gaben AECHMÉA RECURVÁTA den Namen. Die inneren Rosettenblätter sind zur Blütezeit bei intensiver Sonnenbestrahlung leuchtend rot gefärbt.

13 Die formenreiche AECHMÉA NUDICÁULIS (S. 78) ist als sicherer und dankbarer Blüher dem Anfänger zu empfehlen.

14 Die klein bleibende AECHMÉA RACÍNAE (S. 78) ist mit ihren hängen-

den mehrfarbigen Blütenständen besonders für das Blumenfenster geeignet.

15 Die in Höhenlagen von 800 bis 1200 m terrestrisch wachsende TILLÁNDSIA WERDERMANNII aus Peru gedeiht in Kultur willig auf bzw. zwischen Steinen.

16 Die widerstandsfähige ÁNANAS NÁNUS (S. 81) mit lange haltbaren Fruchtständen kann auf dem Fensterbrett kultiviert werden.

17 ÁNANAS COMÓSUS 'Variegatus' (S. 80) kann ihre schön gefärbten Blattrosetten nur gut entwickeln, wenn genug Platz zur Verfügung steht.

18 BILLBÉRGIA X WÍNDII gehört zu den BILLBÉRGIA-NÚTANS-Hybriden.

19 Wegen der Farbe der Hochblätter in den hängenden Blütenständen erhielt diese Bromelie den Namen BILLBÉRGIA RÓSEA (S. 83).

20 CANÍSTRUM LINDÉNII var. RÓSEUM f. PROCERUM: Auch die nichtblühenden Pflanzen sind durch die dunklen Flecken auf den glänzenden Blättern dekorativ.

21 Der Blütenstand von CANÍSTRUM LINDÉNII var. RÓSEUM f. PROCERUM (S. 84) steht durch den langen Schaft über der Blattrosette

22 Cryptanthen besitzen auffallende farbenprächtige Blätter.

23 CRYPTÁNTHUS FOSTERÁNUS (S. 87) mit schönen, breit gebänderten Blättern wächst bei Temperaturen von 18 bis 25 °C am besten.

24 Die Blätter von CRYPTÁNTHUS BROMELIOÍDES 'Tricolor' (S. 86) können im Sonnenlicht mehrfarbig leuchten.

25 GUZMÁNIA DÓNNELL-SMÍTHII – benannt nach dem Bromelienforscher Donnell-Smith – ist mit ihren auffallend gefärbten Blütenständen eine der beliebtesten Bromelien.

26, 27 Die Blüten von GUZMÁNIA SANGUÍNEA (S. 91) ragen nur wenig aus dem mit Wasser gefüllten Trichter heraus. Die inneren Rosettenblätter sind zur Blütezeit oft leuchtend rot gefärbt.

28 Die zierliche GUZMÁNIA MÍNOR mit wenigblütigen, einfachen Blütenständen beansprucht nur wenig Platz.

29 GUZMÁNIA MONOSTÁCHYA (S. 90) mit zylindrischen, im Aufblühen aufgelockerten Blütenständen ist zur Blütezeit sehr dekorativ.

30 Die weißen Blüten von GUZMÁNIA LINGULÁTA (S. 89) werden von dachziegelig angeordneten scharlachroten Hochblättern wie von einem Hüllkelch umgeben.

31 Die Schmuckwirkung von GUZMÁNIA WITTMAKII beruht auf den großen, schmalen Hochblättern.

32 NEOREGÉLIA AMPULLÁCEA (S. 92) mit großen blauen Blüten kann dichte Bestände bilden.

33 NEOREGÉLIA CONCÉNTRICA (S. 93) mit großen, flach ausgebreiteten Trichterrosetten fällt durch die

schwarzen Stacheln am Blattrand auf.
34 Bei NEORÉGELIA CAROLÍNAE (S. 93) ist der Blütenstand von leuchtend roten Hochblättern und am Ansatz ebenso gefärbten inneren Rosettenblättern umgeben.
35 NEOREGÉLIA CAROLÍNAE 'Meyendorfii' mit weißberandeten Blättern ist besonders attraktiv.
36 NEOREGÉLIA 'Fireball' wird auch unter dem Namen N. SCHULTESIANA in den Sammlungen gepflegt. Je intensiver die Belichtung ist, um so intensiver färben sich die Laubblätter zur Blütezeit.
37 NIDULÁRIUM PROCÉRUM var. KERMESIÁNUM liebt etwas höhere Luftfeuchtigkeit und ist deshalb gut für das Blumenfenster geeignet.
38, 39 Von NIDULÁRIUM BILLBERGIOÍDES (S. 95) werden Formen mit roten Tragblättern und dunkelrotbraunem Blütenschaft sowie mit gelben Tragblättern und hellem Blütenschaft kultiviert.
40, 41 TILLÁNDSIA PURPUREA mit dicht grau beschuppten Blättern bildet in der peruanischen Küstenwüste oft lange Stränge.
42 Das Spanische Moos TILLÁNDSIA USNEOÍDES – im Wuchs an die Bartflechte USNEA erinnernd – bildet lang herabhängende wurzellose Stränge. In der Heimat wird sie als Polstermaterial verwendet.
43 Die Triebe von TILLÁNDSIA ARAÚJEI (S. 97) hängen herab, aber ihre Spitzen sind horizontal ausgerichtet, ebenso ihre Blütenstände mit 5–10 weißen Blüten.
44 Die Blütenstände von TILLÁNDSIA CYÁNEA (S. 98) fallen durch ihre großen dunkelblauen Blüten auf.
45 Bei TILLÁNDSIA MAGNUSIÁNA – benannt nach dem deutschen Botaniker Magnus – bilden die Blattscheiden eine Scheinzwiebel. Die an der Basis nur 5 mm breiten, lang zugespitzten, etwa 10 cm langen Blattspreiten sind mit groben, abstehenden, silbergrauen Schuppen dicht bedeckt.
46 TILLÁNDSIA BRACHYCAÚLOS – benannt nach der kurzen, aufrechten Blütenstandsachse – wird als Epiphyt hell, sonnig und mäßig feucht gehalten. Die Rosettenblätter färben sich ebenso wie die ihnen ähnlichen Hochblätter zur Blütezeit leuchtend rot.
47 TILLÁNDSIA STRÍCTA wird mäßig feucht und halbschattig kultiviert. Die dichten Blütenstände mit leuchtend roten Deckblättern und blauen Blüten hängen herab.
48 TILLÁNDSIA TENUIFÓLIA (S. 98) sieht nicht blühend T. STRÍCTA ähnlich, besitzt aber weniger reiche Blütenstände.
49 Die meisten Tillandsienarten sind farbenprächtig.
50 VRÍESEA-Züchtungen entwickeln besonders prächtige Blütenstände.
51 VRÍESEA HIEROGLÝPHICA ist mit ei-

ner an Schriftzeichen (Hieroglyphen) erinnernden Blattzeichnung eine dekorative Pflanze.
52 VRIESEA BLÉHERI ist erst seit wenigen Jahren bekannt, wird aber heute schon in vielen Handelsgärtnereien kultiviert, weil diese kleinbleibende Art mit schön gefärbten Blättern sicher blüht.
53 Bromelienaussaaten in unterschiedlichen Entwicklungsstadien.
54 Bromelien können am natürlichen Standort auf Blättern keimen wie diese Tillandsiensämlinge.

Fotoautoren:

Röth (10, 11, 13, 14, 17–19, 21, 23, 24, 26, 28–30, 32–34, 36, 38, 42–44, 47, 48, 52)
Schütze (Einbandfoto, 9, 15, 16, 20, 22, 31, 37, 50, 51, 53, 54)
Belke (12, 25, 35, 39, 45, 46, 49)
Ebel (2–6, 8)
Dietrich (7)
Müller (40, 41)
Förster (27)
Thomas (1)

Karl-Heinz Kaletta · Dorothea L. Schulz
Bromelien

18 19

25 26

32

33

36

37

38

39

40

41